辅导员出版指南

选题、写作、出版、发行全攻略

刘明耀◎著

中国石化出版社
·北京·

内容提要

本书从学生工作角度出发，通过拆解图书选题策划、目录设计、内容架构、出版流程等实务操作，将学生工作中的案例、网文、问题、故事、信件、课程、活动等载体转化为书稿，引导辅导员建立“问题意识—实践转化—文字积累—可视成果”的成长闭环，将事务性工作转化为可视化成果的书籍。

本书作为第一本关于辅导员写书、出版的书籍，为辅导员提供从选题策划到出版发行的全流程指导，用写书思维倒逼辅导员成果思维，促使辅导员形成内驱力，助力辅导员职业化、专业化、专家化成长。

图书在版编目（CIP）数据

辅导员出版指南：选题、写作、出版、发行全攻略 / 刘明耀著 . -- 北京：中国石化出版社，2025. 8.

ISBN 978-7-5114-8059-0

Ⅰ. G645.1

中国国家版本馆 CIP 数据核字第 2025KM0774 号

中国石化出版社出版发行

地址：北京市东城区安定门外大街 58 号

邮编：100011　电话：(010)57512500

发行部电话：(010)57512575

http://www.sinopec-press.com

E-mail：press@sinopec.com

宝蕾元仁浩（天津）印刷有限公司印刷

全国各地新华书店经销

*

710 毫米 ×1000 毫米 16 开本 15 印张 300 千字

2025 年 8 月第 1 版　2025 年 8 月第 1 次印刷

定价：58.00 元

前言 Preface

2021年，我把“全国百场校园巡讲”的原创课程转化成书籍，出版了《新时代校园学生危机管理指导与实践》。一年内印刷了2次。

2022年，我把“辅导员打造个人成长IP”的原创课程转化成书籍，出版了《辅导员打造个人品牌IP实战指南》。两年内印刷了5次。

2024年，我把“辽宁省名班主任工作室培育孵化建设”项目经验问题转化成书籍，出版了《手把手教你打造名师工作室》。一个月内印刷了2次。

2025年，我把出版上述三本书的教训与经验、痛苦与成长集结成书籍，出版了《辅导员出版指南：选题、写作、出版、发行全攻略》。

作为辅导员，人人都需要出版一本属于自己的书籍。

因为你有学生，你有案例，你有活动，你有项目。

作为辅导员，人人都应该出版一本属于自己的书籍。

因为你有痛苦，你有故事，你有成长，你有收获。

一本书是辅导员走进学生内心的最好名片。

一本书是辅导员可视化成果的最佳体现。

一本书是辅导员打造个人品牌的重要杠杆。

2025年堪称辅导员写书、出书的元年，很多一线辅导员开始踏上了写书、出书之旅。

然而，在写书、出书的过程中，包括我自己在内的很多辅导员经常遇到如下问题：

一时兴起决定写书，却提笔无绪、思路混沌；

深夜面对空白文档，咖啡续到五杯，大脑还是一片空白；

同行佳作冲榜成为爆款，在压力与焦虑下，只能选择刷视频逃避。

但我们深知，辅导员的工作日志里藏着最鲜活的育人案例；谈心谈话中流动着最本真的教育智慧；主题班会里凝结着最生动的思政元素；早操晚自习中蕴含着感人的软文素材；通知表格里闪烁着最有价值的问题光芒。这些看似零散的碎片，实则是构建辅导员写书、出书的珍贵“矿藏”。

所以，作为辅导员，你不缺激情，不缺素材，不缺时间。

你缺的是一本能够指导你如何写书、出书的书！

你缺的是一位能够指导你如何写书、出书的人！

《辅导员出版指南：选题、写作、出版、发行全攻略》的出版，旨在为全国辅导员搭建“理论提炼→实践转化→成果输出”的桥梁。

本书不仅拆解了图书选题策划、内容架构、出版流程等实务操作，更着力于引导辅导员建立“问题意识—实践转化—文字积累—可视成果”的成长闭环，让每位辅导员都能找到自己独特的“专业表达坐标”。

读完这本书，你会茅塞顿开，原来我也可以这么做！

读完这本书，你会拍案叫绝，原来我就是这么做的！

其实，在写与不写之间、做与不做之间，辅导员差的正是这本书！

这不是一本为了出版而出版的书籍，而是一本助力辅导员将日常事务性工作转化为可视化成果的“实操指南”。

作为全国首本指导高校辅导员如何出版一本书的书籍，承载着三重使命——

“工具箱”：为辅导员提供从选题策划到出版发行的全流程指导；

“照明弹”：照亮辅导员职业化、专业化、专家化发展的新路径；

“成绩单”：证明辅导员这个群体完全有能力把事务性工作变成可视化的成果。

当我们把带露折枝般鲜活的学生工作智慧转化为铅字墨香，把零散的文字变成系统的内容，就是在为新时代辅导员职业成长作出最有力的注脚。

世上无难事，只怕写书人；吃得写书苦，方为人上人。

期待翻开这本书的你，不仅能收获写书出版的“术”，而且能领悟专业表达的“道”，还能浸入思政育人的“魂”。

让我们携手执笔，把散落在校园里的珍珠串成思想的璎珞，让辅导员的专业之声，在立德树人的世界中回响！

作　者

2025.7

目 Contents 录

第一章

了解出书信息：做到心中有数

第一节　现状分析

定义内涵

现状分析是指对辅导员群体参与书籍创作相关情况的系统性梳理与研究，旨在深度剖析辅导员在书籍创作领域的整体表现，涵盖书籍类型、评论条数、销售数量等方面。通过现状分析洞察辅导员写书的普遍行为模式，为辅导员写书、出版、营销提供经验指导。

具体内容

辅导员是学生的人生导师和知心朋友，在学生管理和思想政治教育过程中，如何打开学生心门，让学生更好地认同自己，从而接受自己，是值得深入研究的课题。“05后”学生更喜欢短视频、电子小说等网络交流方式，这就要求辅导员与时俱进，创新工作方式与载体。

一本书是辅导员走进学生内心的最好名片。

辅导员在从事学生日常管理工作过程中，每天沉浸在事务性工作里，两眼一睁，忙到熄灯。每天开会、查寝、谈心谈话、处理危机事件、与家长沟通、开展文体活动等，虽然留下了文字、留下了足迹、留下了影像，但是没有把这些事务性工作变成能复制的“果”。

一本书是辅导员可视化成果的最佳体现。

辅导员在从事学生工作满3年、5年乃至7年时，经常出现职业倦怠感和瓶颈。此时，他们在职业发展中面临诸多困境：寻求发展却缺乏明确的方向；渴望成长却不见清晰的目标；期望提升却无从聚焦；想要创新却难有特色；向往内涵发展却未能形成品牌。

一本书是辅导员打造个人品牌的最直接杠杆。

辅导员通过一本书能展示其独特的见解与价值，在众多辅导员中脱颖而出，获得学生、同事和上级的认可，提升自身的职业影响力和权威性。

写书是一条实现个人成长的快捷之路，能够助力辅导员系统地梳理自己的知识体系和成果。

辅导员是很容易出版图书的一个群体，因为有学生、有案例、有活动、有感悟；但由于辅导员群体小，出版经费低，各出版社出版的学工类图书品种少、销量低。

辅导员写书面临的三大障碍：

一是很忙。辅导员不是在工作，就是在工作的路上。工作之繁忙让辅导员鲜少有片刻宁静的时光，总是在忙碌与奔波之间穿梭。

二是很懒。辅导员习惯了干活，沉溺于事务性工作之中，对于文字的驾驭感到怠惰，提笔之际总是犹豫不决。

三是很难。没有思路框架，无处下手。书籍的构架与思路如同迷雾一般，令辅导员感到茫然，不知该如何下笔。

写书是最低成本的创业，出书是最高效的品牌投资。

下面以当当网自营的数据为参考依据，结合书名、作者、出版社、图书定价、留言评价、出版时间对辅导员出书现状进行了统计、分析、比较，按照留言评价进行了综合排名，统计出前8名关于辅导员的图书。

书名	作者	出版社	图书定价	评价条数	出版时间
给高校辅导员的100条建议	贾海利	广西师范大学出版社	28元	3939条	2014年
辅导员100个怎么办	高治军	广西师范大学出版社	42元	3897条	2011年
高校辅导员工作实战指南	何林建	上海交通大学出版社	45元	2536条	2020年
辅导员打造个人品牌IP实战指南	**刘明耀**	**中国石化出版社**	**49.8元**	**2222条**	**2022年**

续表

书名	作者	出版社	图书定价	评价条数	出版时间
高校辅导员的七项修炼	徐川等	人民出版社	39 元	1981 条	2022 年
高校辅导员工作典型案例集	舒琳	人民交通出版社	50 元	969 条	2021 年
新时代高校辅导员精彩主题班会设计方案集萃	滁州学院	安徽师范大学出版社	56 元	749 条	2022 年
学工宝典：一名老辅导员的“实话实说”	杨庆实	中国石化出版社	68 元	705 条	2023 年

注：数据来源于当当自营 2025 年 1 月 25 日。

典型图书

《给高校辅导员的100条建议》 作者：贾海利

书　　名：《给高校辅导员的 100 条建议》
作　　者：贾海利
出版时间：2014 年
出 版 社：广西师范大学出版社
评价条数：3939 条
重印次数：10 次以上

《给高校辅导员的100条建议》于2014年出版，它是备受关注的“辅导员工作100系列”中极具代表性的一种。

此书的作者是最早利用博客撰写博文的辅导员之一，具有丰富且宝贵的实践经验。在长期与学生交流互动、为学生答疑解惑的过程中，作者积累了大量实用且具有启发性的内容，并将这些精华内容通过博文的形式与大家分享。

随着时间的推移，这些博文受到了越来越多同行的关注和认可。鉴于其内容的价值以及广大辅导员群体的需求，作者决定将这些优秀的博文精心整理、编辑，最终转化为一本具有系统性和专业性的书籍——《给高校辅导员的 100 条建议》。

虽然这本书的出版时间相对来说较早，但它凭借其内容的实用性、针对性以及语言的生动性，自出版以来一直深受广大高校辅导员喜爱，销量一直很火，成为高校辅导员专业发展领域的畅销书籍。由于其广受市场欢迎，多次进行重印，以满足广大读者的需求。

《辅导员100个怎么办》 作者：高治军

书　　名：《辅导员工作100个怎么办》
作　　者：高治军
出版时间：2011年
出 版 社：广西师范大学出版社
评价条数：3897条
重印次数：15次以上

《辅导员100个怎么办》于2011年出版。尽管它的出版时间相对较早，但这本书因需求旺盛而多次重印，深受广大高校辅导员的喜爱与推崇，使得它在市场上一直保持着火热的销量。

它与另一本经典之作《给高校辅导员的100条建议》并驾齐驱，被誉为辅导员书籍市场中的“双子星座”，共同为辅导员们提供了宝贵的工作指引。

本人2018年去陕西一所高校开展讲座，惊讶地发现每个辅导员手里都有这本书，当时这本书在我内心深处埋下了出版辅导员书籍的“种子”。

《高校辅导员工作实战指南》 作者：何林建

书　　名：《高校辅导员工作实战指南》
作　　者：何林建
出版时间：2020年
出 版 社：上海交通大学出版社
评价条数：2536条
重印次数：7次以上

《高校辅导员工作实战指南》于2020年出版，本书的作者既不是辅导员年度人物，也不是辅导员大赛获奖选手，书中内容虽然主要为案例分析，含有方法论，但这本书“打爆”了辅导员图书市场。

就是这样一本初看并不起眼的书，却以其独特的魅力和实用的价值，成为辅导员图书市场中的畅销之作。更为重要的是，这本书开启了辅导员方法论图书的一个全新里程碑，为后续辅导员相关图书的编写和出版树立了典范。

后来出版的书名中带有“实战指南”四个字的辅导员相关图书，其灵感几乎都来源于这本书。

《高校辅导员工作典型案例集》 作者：舒琳

书　　名：《高校辅导员工作典型案例集》
作　　者：舒琳
出 版 社：人民交通出版社
出版时间：2021年
评价条数：969条
重印次数：7次以上

《高校辅导员工作典型案例集》于2021年出版。此书是以案例集形式呈现的首本爆款图书，堪称开创了此类图书的新篇章。在短短2年的时间内，这本书就印刷了7次。

在众多案例集类图书中，它的火爆程度无疑是首屈一指的。其成功之处或许在于书中呈现的案例贴合辅导员工作实际、富有深度，为读者提供了极具参考价值的宝贵经验。

《高校辅导员的七项修炼》 作者：徐川等

书　　名：《高校辅导员的七项修炼》
作　　者：徐川等
出 版 社：人民出版社
出版时间：2022年
评价条数：1981条
重印次数：5次以上

《高校辅导员的七项修炼》于2022年出版，是由才华横溢的徐川老师，联合辅导员领域8位大咖级辅导员（范蕊、李萌、朱以财、朱广生、张家玮、沈菲、高伟、柳丰林）倾情打造的一本实用价值很高的方法论图书。

本书的作者都是辅导员领域的风云人物，他们凭借自己在工作中积累的丰富经验、深入研究和独特见解，共同为这本书注入了强大的能量和卓绝的智慧。

这本书毫无疑问属于强强联手打造的杰作。

《辅导员打造个人品牌IP实战指南》 作者：刘明耀

书　　名：《辅导员打造个人品牌IP实战指南》
作　　者：刘明耀
出 版 社：中国石化出版社
出版时间：2022年07月
评价条数：2222条
重印次数：5次

《辅导员打造个人品牌IP实战指南》于2022年出版，也是本人编写出版的图书，这本书以方法论为核心，针对辅导员遇到的职业倦怠痛点进行指导，通过课程化实施，品牌化打造，实现辅导员课程化、品牌化、职业化、专业化、专家化成长之路。这本书2年内印刷了5次。

这本书开启了普通一线辅导员撰写方法论畅销书的序幕。

《新时代高校辅导员精彩主题班会设计方案集萃》 作者：滁州学院

书　　名：《新时代高校辅导员精彩主题班会设计方案集萃》
作　　者：滁州学院
出 版 社：安徽师范大学出版社
出版时间：2022年
评价条数：749条
重印次数：2次以上

《新时代高校辅导员精彩主题班会设计方案集萃》于2022年出版，主要聚焦高校辅导员主题班会研究，为辅导员开展主题班会提供了富有价值的参考和启示，所以销量也一直不错。

足以证明，只有切中辅导员痛点的图书才受辅导员欢迎。

《学工宝典：一名老辅导员的“实话实说”》 作者：杨庆实

书　　名：《学工宝典：一名老辅导员的“实话实说”》
作　　者：杨庆实
出版时间：2023年09月
出 版 社：中国石化出版社
评价条数：705条
重印次数：3次

《学工宝典：一名老辅导员的“实话实说”》于2023年出版，本书虽然是这8本书里价格最高的，但上市后，反响热烈，受到辅导员追捧，一年内印刷了3次。

所以，切中辅导员痛点的书，即使价格高也一样备受辅导员欢迎。

这本书虽然没有华丽的语言，只是讲述了作者的日常工作，如何把日常中的每一件小事做好，但是给一线普通辅导员带来了信心，把自己的本职工作做好就是一本书的最好积累。

写书不是刻意为之，而是工作的水到渠成。

以上8本关于辅导员成长的图书，在当当自营平台均收获了较多的留言评价。这些留言从不同角度反映了读者对图书内容的喜爱、认可，或对其中某些观点的深刻思考等。

收获较多的留言评价通常表明图书获得了较高的关注度，而图书备受关注在一定程度上反映了其在读者群体中的影响力，这种影响力也间接证明了这些图书有很好的销量。

通常情况下，一本能够吸引众多读者阅读、评价的图书，往往更容易被更多人认可并购买，读者对图书的满意度、推荐度等都会直接或间接影响图书的销量。

畅销书有狭义和广义两个定义。

狭义的畅销书，是以绝对的销量为衡量标准的。通常认为，一年内累计销售5万册左右的图书是一般畅销书，20万册以上的图书是比较畅销书，达到50万册的图书是超级畅销书。

广义的畅销书，指的是在某个类别的图书里销量领先的图书。

目前对于辅导员图书来说，全国辅导员群体仅有27万人左右。很难做到一本书在一年内销量突破5万册。一年内完成1万册销量基本上就属于畅销书了。

写书不是人生，但写书可以让你重启人生。

写书让你重新定位，给你带来流量。虽然写书让你忙一点、累一点，但可以给你带来红利，让大家认识你。

人生不是因为努力才加速，而是找到正确的方向、方法才能加速。写书不是浪费时间，而是个人的总结和提升。

出书=你专业+你靠谱+你权威

人人都想表达，人人都能够表达，写书是一种能让你提升的最好的表达方式。

人人都有写作的天赋，只因未被发现；人人都可以有自己的著作，只因未找到途径和方向。

写书出书不是从0开始创作，而是把你的职业生涯“隐形资产”重新打包。

别让“等我准备好”的拖延吞噬你，要知道，所有的惊艳文字，都始于勇敢的落笔瞬间。

信息直通车

聊城大学的杨庆实老师对辅导员出书进行了数据统计，按照出版数量统计了前6名辅导员。

辅导员群体中写书出版最多的是来自大连海事大学的辅导员曲建武老师，据可查数据统计一共出版了18本图书。

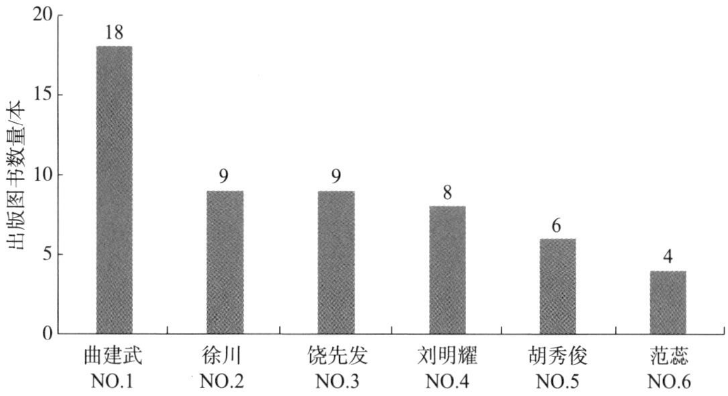

（来自杨庆实老师数据统计）

本人位居第4名，共计出版了8本图书。这8本图书见证了我是如何走上写书、出版、发行这条道路的。

第一本书："稀里糊涂"。《职业生涯规划与就业指导案例解析》是我编写的第一本书，于2015年出版。当时出版此书，没有太多的想法和经验，不知如何撰写书稿，故而最终写成了案例解析的形式。

该书在出版过程中缺乏设计、策划，且未进行宣传推广，因此销量不大，整个编写出版经历颇为曲折，可谓"稀里糊涂"地编写出版了第一本书。所以后来出版社直接拒绝了出版我的第二本书。

书　　名：《职业生涯规划与就业指导案例解析》
作　　者：刘明耀
出 版 社：电子工业出版社
出版时间：2015年
内容形式：案例
写书认知：稀里糊涂

第二本书："邯郸学步"。《高职学生的职业发展与就业、创业指导》是我写的第二本书，于2016年出版。总结了第一本书的教训，第二本书采取了"抱大腿"的模式。由其他大咖牵头，自己负责了一部分内容的编写，这也是我第一次真正输出书稿文字内容，按照要求框架写文字稿。在这个过程中，我学习经验，总结模式，属于"邯郸学步"。

书　　名：《高职学生的职业发展与就业、创业指导》
作　　者：刘明耀等
出 版 社：人民邮电出版社
出版时间：2016年
内容形式：仿写
写书认知：邯郸学步

第三本书："混沌初开"。《系好人生第一粒扣子：大学生成长修炼手册》是我写的第三本书，于2017年出版。有了前两本书经验与教训的积累，自己又开始蠢蠢欲动，想写书；但是由于能力有限，写不出太多文字，所以设计了成长手册进行出版。自己对封面设计、内容设计、版式设计进行了整体思考。有名称、有框架、有思路、但依然没销量、没市场、没反响。

这本书唯一引以为豪的点就是封面书名的设计，用真实的扣子与汉字"扣"字进行了创意结合，这本书的出版属于"混沌初开"阶段。

书　　名：《系好人生第一粒扣子：大学生成长修炼手册》
作　　者：刘明耀等
出 版 社：电子工业出版社
出版时间：2017年
内容形式：手册表格
写书认知：混沌初开

以上三本书对于我个人来讲，其实并不是真正意义上的写书出书，都是主编很多人，参编很多人，库存很多本。

第四本书："真正出书"。《新时代校园学生危机管理指导与实践》于2021年出版。第三本书出版后的4年里，自己开发了"高校校园学生危机事件应对与处理能力提升"原创课程，在全国分享了200余场，随着不断地分享，经过4年的沉淀，那颗想出书的心又躁动起来，出书的火苗又开始燃烧。

自己将分享的内容按照图书出版要求重新进行了设计。从书名设计、目录设计、内容设计到营销设计都进行了思考，而且这本书是我自己独著。

这本书出版后一个月内印刷了2次，在辅导员中引起了很大反响。这本书是我以文字为主的形式出版的真正意义上的独著。

书　　名：《新时代校园学生危机管理指导与实践》
作　　者：刘明耀
出 版 社：辽宁大学出版社
出版时间：2021年
内容形式：案例文字
写书认知：真正出书

第五本书："视野格局"。《辅导员打造个人品牌IP实战指南》于2022年出版。受第四本书的鼓励，当时信心大涨，同时思如泉涌，在那段时间，吃饭、走路、睡觉都在思考如何写书出书。

自己把第二门原创课程"辅导员如何打造个人成长IP"进行了整理，购买了50余本辅导员图书，分析了辅导员市场图书现状，拆解了每本书的封面、目录、内容等，从书名设计到发行宣传，按照市场畅销书进行了整体策划。

这本书出版后一个月内印刷了2次，两年内印刷了5次，累计销售10000多册。

这本书使我真正踏上了写书出版发行这条道路，不断扩大自己写书出版发行的视野格局。

书　　名：《辅导员打造个人品牌IP实战指南》
作　　者：刘明耀
出 版 社：中国石化出版社
出版时间：2022年07月
当当网评价条数：2222条
重印次数：5次
内容形式：文字
写书认知：视野格局

第六本书："牛刀小试"。《种子花开：雷锋式大学生成长手册》于2022年出版。自己参与了主编，同时担任这本书的整体策划。结合前几本书出版过程中的经验教训，从封面设计到内容创新、从整体框架到细节沟通、从海报制作到宣传发售，每一步都进行了思考创新。

这本书出版后一年内印刷了2次，这也是本人第一次操盘一本书从0到1的全流程，逐渐积累了写书、出版、发行的经验。

书　　名：《种子花开：雷锋式大学生成长手册》
作　　者：孔祥慧　刘明耀等
出 版 社：中国石化出版社
出版时间：2022年02月
重印次数：2次
内容形式：手册表格
写书认知：牛刀小试

第七本书："复制输出"。《大学生劳动教育》于2023年出版。有了前几本书的背景、资源和经验的加持，我担任了这本书的主编，按照写书、出版、发行的经验对全书进行了宏观指导，由担任副主编的辅导员具体落实。

这本书是我第一次出版的教材，也是我第一次将写书、出版、发行经验进行了复制输出。

书　　名：《大学生劳动教育》
作　　者：刘明耀等
出 版 社：科学出版社
出版时间：2023年
内容形式：教材
写书认知：复制输出

第八本书："战略眼光"。《手把手教你打造名师工作室》于2024年出版。2024年，全国辅导员都在轰轰烈烈地开展辅导员工作室申报、建设工作，教育部共计立项80个国家级辅导员名师工作室。

我于2021年也获批立项了两个省级名师工作室，依托这两个省级名师工作室对省内60余所中职学校开展"名班主任工作室"的培育孵化建设。

两年时间里我把工作室在培育孵化建设过程中出现的问题进行了整理、分析、凝练，策划了我的第八本书，对书名、目录、内容、资源、读者、打榜、发行等进行了创新设计，一切以读者为中心，以解决问题为核心，提升读者的购买欲、阅读力。

“站在风口上，猪也能飞上天。”我抢在了80个国家级辅导员名师工作室之前出版了这本书，实现了新书未上市预售就完成了1000册，10天便突破了3000册的发行量，1个月内印刷了2次的好成绩。

说实话，80个国家级辅导员名师工作室，其中任何一个全国最美辅导员、全国辅导员年度人物、全国辅导员素质能力大赛选手出书，都会比我这本书畅销！

很遗憾，我抢先出版了！

书　　名：《手把手教你打造名师工作室》
作　　者：刘明耀
出 版 社：中国石化出版社
出版时间：2024年10月
内容形式：文字
写书认知：战略眼光

信息直通车

作为辅导员，既不要高估写书出书的难度，也不要低估写书出书的价值。

辅导员人人都应该出版一本书，用出书打造个人影响力，为个人品牌赋能，让书籍成为自己未来成长的护城河。

要写书，必须养成每日写作输出的习惯，平时倒逼自己输出多一点，你在写书的时候，就更轻松一些。如果你日复一日地写作，那么出书就是一件顺其自然的事情。

辅导员在写书时，不能“一口吃成个胖子”，要学会“细嚼慢咽”，在写书的过程中，需遵循循序渐进的原则，避免急于求成，应做到以下几点：

首先，重视实践深耕。辅导员按照《普通高等学校辅导员队伍建设规定》（教育部43号令）中规定的九大职责，在学生管理工作中扎实开展各项任务，确保每项职责得到有效落实，从而积累丰富的实践经验。

其次，强调总结提炼。辅导员及时将学生管理实践过程中的思考、感悟及观察转化为文字记录，无论是成功的经验还是失败的教训，皆为珍贵的知识财富。

最后，注重积累沉淀。辅导员追求质量而非数量，不应急于求成。应在确保内容质量的基础上，逐步累积素材并进行精心打磨，力求每一章节均能为读者带来启示与助益。

遵循以上原则，辅导员方能撰写出一部兼具深度与实用性的优质图书。

辅导员经常在忙碌的工作之余，或者夜深人静的时候开始写书，一字一字输出，一段一段积累，沉浸在文字的世界中，精心雕琢每一个章节、每一个句子、每一个标点符号。就如同哪吒在修炼法术时的专注与执着，辅导员在写书的道路上更要坚持不懈、持之以恒、日积月累。

哪吒用他的故事，让我们勇敢地战胜困难。

辅导员通过书籍，为学生点亮前行的道路。

书籍是一张行走的名片，把你带到了你从未到达过的诗和远方。

金句分享

世上无难事，只怕写书人；吃得写书苦，方为人上人。

思维拓展

《一年顶十年》 作者：剽悍一只猫

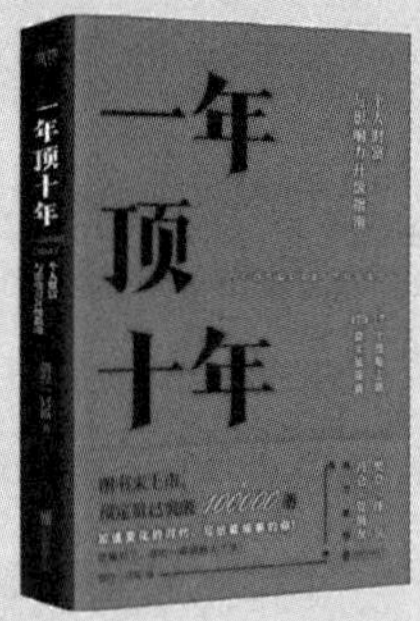

书　　名：《一年顶十年》
作　　者：剽悍一只猫
出版时间：2020年03月
出 版 社：北京联合出版公司
评论条数：48000条
重印次数：30次以上
发行情况：爆款书

1.选题定位

这本书瞄准个人成长与财富增值这一广泛而强烈的需求，主要读者对象为渴望在短时间内实现快速发展、提升自我价值和获取财富的人群，如职场新人、创业者、自由职业者等。

2. 书名凝练

“一年顶十年”短短五个字，简单明了地传递出本书核心价值——帮助读者在一年内取得相当于别人十年的成长和成就，极具冲击力和吸引力。引发读者好奇心，激发阅读欲望。

3. 目录升华

全书分为17个板块，每个板块设有10个子项，如“打基础”“大升级”“终极三项”等，板块主题明确，便于读者快速定位感兴趣的内容。

4. 结构设计

本书整体结构遵循从基础到提升再到终极目标的逻辑顺序。先讲述时间管理、心态建设等基础内容，再讲学习成长、影响力打造等升级内容，最后聚焦财富增长等终极目标，逐步引导读者实现全面成长。

5. 内容特点

本书内容以作者亲身经历和大量实践案例为基础，提供的方法和策略具有很强的可操作性，让读者能够直接应用于实际生活；采用简洁明快的语言风格，每篇文章篇幅短小、精练，没有复杂的理论和冗长的论述，便于读者快速吸收。

6. 营销发行

作者剽悍一只猫在个人成长、社群运营等领域具有较高知名度和影响力，其微信公众号矩阵拥有百万粉丝，为图书积累了大量潜在读者。图书未上市预订量就突破10万册，通过预售制造了很高的热度和话题度。

第二节　出书模式

定义内涵

出书模式是指一本书从策划到出版发行的整个运作方式和具体流程。

具体内容

目前，辅导员写书常见有三种模式。

一是花钱挂名。我们的朋友圈或者QQ好友中经常有人给你发这样的消息："还需要一个副主编名额，赶紧预订""急寻参编一人"等等。很多辅导员信以为真，认为只花钱不用写就可以出版书。这种模式是学术造假，违反了师德师风要求，属于违规违纪。

挂名有风险，远离不被骗。

二是独著。这种模式需要辅导员花费大量的时间和精力，还要有一定的素材积累，同时出版费用较高，自己一个人承担往往比较吃力。

独著为最佳，前提有积累。

三是众筹合著。这种模式目前比较流行，每个人都参与，负责某一章某一节的编写工作，然后由专人完成统稿；出版费用也由大家共同承担（每个人承担费用的多少通常由排名和编写的字数决定），费用合理。

众筹一本书，实现写书梦。

目前，市场上对于第一次出版图书的辅导员也有三种出书模式。

一是中介模式。不用写文字、不用去卖书，钱到位即可，一次性付款。无销售、无压力、无稿酬，但有风险。

二是秋叶模式。秋叶大叔开设写书营，将出版社编辑和想写书的作者进行对接，给予写书出版发行指导。作者向写书营缴纳相应的写书、出版、发行培训指导费用，写书营将为作者搭建平台，整合资源，帮助作者通过图书打造个人品牌。

秋叶模式要求图书的读者对象必须为大众，一般比较适合私域IP或者培训师，辅导员系列图书选题很难被列选。

三是石化模式。由中国石化出版社发起的"学工系列畅销书编写出版发行一站式成果交付营"，大家一起写书、一起卖书、一起获得稿酬。按需支付，减轻压力，没有负担。这种模式一般比较适合辅导员。

出书不完全是公益事业，出版社也要考虑经济效益，所以无论采用哪种模式，作者和出版社要获得双赢。

辅导员出书通常与出版社有以下几种合作模式：

第一种：免费出书模式。

作者在学工领域具有很大的影响力，其作品非常优秀，有市场潜力，有独特的视角和价值，能够吸引读者购买，出版社愿意免费为其出版。目前这类情形在辅导员出书市场中具有一定的难度。

第二种：公费出书模式。

辅导员由于获得了国家级、省级项目立项，具有经费支持，或者学校单独给予经费支持，则可以实现辅导员公费出书。

典型图书

《图说大学生活》　作者：辽宁农业职业技术学院　尤长军

书　　名：《图说大学生活》
作　　者：尤长军
出 版 社：中国石化出版社
经费来源：学校省级“兴辽卓越院校”建设项目经费支持
出版时间：2023年06月

第三种：自费出书模式。

自费出书模式又分为两种形式：

一是自己拿钱自费出书。书号申请、编辑、设计、排版、印刷、装订等一系列环节所产生的费用都由作者自己承担。

二是自己不支付出版费用但要完成一定销售任务。出版社看好你的选题，按照出版合同约定，作者在一定期限内完成一定数量图书的销售任务。这种形式可减少作者自费出书的经济压力，但要求作者具有很好的销售推广能力和渠道。

典型图书

《元气密码：激发辅导员工作潜能的77个关键词》 作者：遵义医科大学 陈剑

书　　名：《元气密码：激发辅导员工作潜能的77个关键词》

作　　者：陈剑

出 版 社：中国石化出版社

经费来源：无

销售要求：3000册

出版时间：2024年09月

这本书属于自费出版。按照出版社合同要求每年要完成1000册销售数量，3年累计完成3000册。所以需要作者积极扩大宣传，完成指标数量。

信息直通车

一本书，如果既符合出版条件，又能创造经济价值，出版社比较容易给予立项出版。

对于没有出过书的新手作者，出版社认为市场比较难预测，具有一定的风险，所以出版社要求作者支付一笔出版经费或回购一批图书，减少出版成本压力。

目前，本人所出版几本图书不需要向出版社支付出版经费，但按照与出版社的约定需要4年完成4000册销量，而实际上每本书本人都超额完成了销售数量指标。

在图书出版过程中，作者与出版社商定稿酬是合作的核心环节之一，涉及稿酬形式、计算方式、支付条件等具体条款，作者都应在图书出版前与出版社确定好，并在图书出版合同中进行约定。

目前主要有三种稿酬支付方式：

1.版税稿酬（最常见）

出版社根据图书定价、销售数量和约定比例支付给作者的报酬，体现“平等、公平、等价、协商一致”原则。这种稿酬支付方式是目前市场上最常用的一种，本人与出版社合作也是采用这种方式。稿酬支付比例可以与出版社协商确定。

计算公式：

版税稿酬金额=图书定价×实际销量×版税率

（部分出版社按“实际销售码洋”计算，即定价×折扣率×销量×版税率，需在出版合同中明确约定。）

2.基本稿酬+印数稿酬（传统纸媒模式）

基本稿酬：按字数或章节，以千字为单位固定支付稿酬（如每千字80元）；

印数稿酬：图书再版时，以千册为单位按印数追加稿酬（如每千册支付基本稿酬的1%）。

这种稿酬支付方式适合学术著作、经典重印书或需长期销售的长销书，适合追求稳定收入的作者。

3.一次性付酬

出版社按固定金额一次性买断版权，后续销售与作者无关。作者急需资金或对图书销量预期较低等情况可以采用这种方式。

稿酬的支付方式和比例与作者的资质、图书的商业价值、出版社资源、版权范围都有很大的关系；并不是所有出版的图书，出版社都会给作者支付稿酬，当作者前期支付的出版费用较低、图书市场价值不高时，出版社也可以与作者约定不支付稿酬。

金句分享

辅导员出书的模式有四种路径：有名有钱，可以公费出版；有钱没名，可以自费出版；有名没钱，可以合作出版；没名没钱，可以卖书出版。

思维拓展

《国家社科基金申报指导手册》 作者：田洪鋆

书　　名：《国家社科基金申报指导手册》
作　　者：田洪鋆
出版时间：2022年03月
出 版 社：清华大学出版社
评论条数：6755条
重印次数：12次
发行情况：爆款书

1.选题定位

这本书瞄准国家社科基金申报这一垂直领域，精准服务于高校教师、科研人员等核心群体。选题直击申报者“痛点”——如何提升课题中标率，通过系统性指导填补市场空白。作者田洪鋆基于多年评审与实战经验，将复杂流程拆解为可操作性步骤，实现学术理想与政策导向的深度适配。

2.书名凝练

书名采用“领域+功能”公式，以“国家社科基金申报”“指导手册”为核心关键词，精准锁定目标读者。

3.目录设计

目录采用“总—分—特”结构：首章解析基金战略定位，奠定认知基础；后续章节按申报流程铺展；末章增设典型案例与高频误区解析，形成“方法论+警示录”双效机制。三级目录层级分明，实现从宏观政策到申报书标点符号的全要素指导。

4.结构逻辑

全书构建“认知重塑—技术拆解”双主线：前半部破除“重创新轻规范”的认知误区，强调学术合规性；后半部以申请书为蓝本，逐项解剖标题拟定、技术路线图绘制等实操细节。每章设置“专家视角”“红线清单”等特色板块，形成“道术结合”的立体框架。

5.内容特点

区别于理论化专著，本书凸显三大特色：其一，独创“选题雷达”模型，将创新性、可行性、政策匹配度量化为可评估指标；其二，收录20多个真实申报书节选，采用批注式解析呈现“修改前—优化后”对比；其三，植入情景化问答，模拟评审专家、学科秘书等多角色对话场景，破解申报中的隐性规则。

6.营销发行

采用学术营销组合拳：线上依托科研论坛、知识付费平台进行章节拆解式传播；线下嵌入高校青椒培训、学科建设会议等场景，打造“工具书+工作坊”生态。

第三节　著作方式

定义内涵

什么是著、编著和编?

著、编著、编，是《中华人民共和国著作权法》确认的创作行为，不同的著作方式，显示不同的独创性程度和创作结果。

具体内容

一本书，在作者姓名后面，一般写有“著”“编著”“编（主编）”等著作形式。它们的含义是不一样的。

专著是指作者基于自己的研究、思考和创新撰写的作品，通过独立思考和研究产生的内容。

专著的独创性程度最高，其图书内容不是基于其他任何已有的作品产生，是绝对的原创作品。如果图书内容有适量的引文，要在正文中指明出处和原作者。

如果引文构成对已有作品的实质性使用，或者包含对已有作品的汇集或改写成分，著作方式则应视为编著。

深研领域写专著，智慧结晶绽光芒。

典型图书

《高校辅导员队伍践行“三严三实”的理论与实践》 作者：常海龙

书　　名：《高校辅导员队伍践行“三严三实”的理论与实践》
作　　者：常海龙
出 版 社：中国原子能出版社
出版时间：2024年
著作方式：著

这本书是一本专著类图书。本书将“三严三实”理论与辅导员工作有机结合，厘清了“三严三实”的理论内涵与现实意义、高校辅导员的基本概念与工作实质以及“三严三实”与高校辅导员工作岗位的辩证关系。

编著结合了“编”与“著”的特点，既展示了作者的原创思考，也融入了其他来源的知识或资料，还包含了对已有资料的重新阐述和整合。

编著的独创性介于著和编之间：与独立创作的“著”相比，编著的独创性较低，不是绝对的原创作品；与单纯将已有作品进行编辑整理的“编”相比，编著因有编著者的创作成分，独创性更高。

博采众长汇编著，知识梳理展华章。

典型图书

《辅导员深度辅导的谈心谈话技术》 作者：田宝伟等

书　　名：《辅导员深度辅导的谈心谈话技术》
作　　者：田宝伟等
出 版 社：高等教育出版社
出版时间：2021 年
著作方式：编著

这本书的著作方式为编著，为辅导员心理健康教育胜任力培养丛书之一。全书依据辅导员的谈心谈话工作特点与专业化成长的实际需要编写。

编，将他人的作品，按照自己的思路进行排列、修改和编辑，使图书形成一定的主题思想。

编是对已知资料的整理和归纳，独创性最低。

统筹引领当主编，凝聚心力汇鸿篇。

典型图书

《高校学生工作指导文件汇编》 作者：遵义医科大学 陈剑

书　　名：《高校学生工作指导文件汇编》
作　　者：陈剑
出 版 社：中国石化出版社
著作方式：主编
重印次数：2 次
出版时间：2024 年

这本书是一本汇编类图书。作者将国家级文件进行分类，按照《高等学校辅导员职业能力标准（暂行）》中辅导员九大职业功能进行汇编整理成册出版。该书不是由作者自己撰写，所以其著作方式是主编。

信息直通车

在职称评审过程中，著、编著、主编的作用是不同的。

1.著

（1）体现专业深度。撰写专著需要作者在特定专业领域有深入研究和独到见解，能系统阐述专业知识、理论或实践成果，展示作者深厚的专业功底，在职称评审中是专业能力的有力证明。

（2）展示创新能力。专著往往包含作者的创新成果，如新理论、新方法等，可让评审专家直接了解作者在专业领域的创新贡献，对提升评审竞争力意义重大。

（3）提升学术影响力。正式出版的专著可在行业内广泛传播，有助于作者积累学术声誉，提升在同行中的知名度和影响力，为职称评审加分。

2.编著

（1）反映知识整合能力。编著要求作者对相关领域知识进行收集、整理和编辑，体现了作者对知识的整合、分析和提炼能力，展示其对行业知识体系的把握。

（2）展示作者的原创性。编著要求作者在整合现有资料的基础上，加入编著者的分析、解读或创新观点，使内容形成新的体系或价值。

（3）扩大行业影响力。编著的内容是对某一领域知识总结与提炼，若被广泛认可和应用，则能在一定范围内提升作者的行业影响力，对职称评审产生积极影响。

3.主编

（1）凸显领导与专业能力。担任主编意味着在编写团队中起主导作用，既要具备扎实专业知识确定编写框架和内容方向，又要领导和指导团队成员工作，充分体现领导和专业能力。

（2）强化行业认可度。一位有影响力的图书主编，会在行业内获得更高认可度，使评审专家对作者专业地位和能力有更积极评价，增加职称评审的砝码。

在高校职称评审规则中，评分标准都是专著大于编著，编著大于主编。专著分值最高，主编分值最低。

金句分享

无论是著、编著，还是主编，辅导员都要尝试出版图书。

思维拓展

《跃迁》 作者：古典

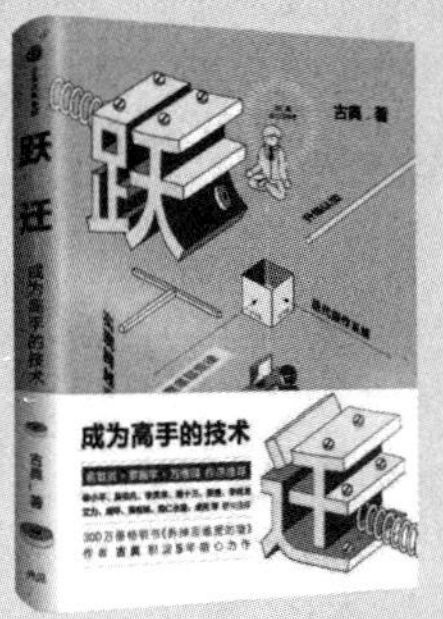

书　　名：《跃迁》
作　　者：古典
出版时间：2017 年 08 月
出 版 社：中信出版社
评论条数：79000 条
重印次数：10 次以上
发行情况：爆款书

1.选题定位

这本书瞄准信息爆炸时代下的个体成长焦虑，以“认知升级”为核心，聚焦“高手思维”的底层逻辑。区别于碎片化励志书，本书从系统视角切入，为职场人提供从“盲目努力”到“战略破局”的转型路径。

2.书名凝练

“跃迁”一词精准借用量子力学概念，隐喻非线性成长的本质：摆脱匀速量变，实现能级跃升。二字既保留了学术严谨性，又激发了读者对“突变式成功”的想象，与“逆袭”“爆发”等泛滥词汇形成差异化认知锚点。

3.目录设计

采用“认知重构—方法工具箱—实战推演”三段式进阶。章节标题多用“借势”“专注”“联机”等动词强化实操感，形成“道—术—器”的完整闭环。

4.结构逻辑

以“系统论”贯穿始终：首章揭示“站位比努力重要”的生态思维，中段拆解“杠杆点”选取策略，终章升华至“开放而专注”的心智模式，实现“原理—模型—场景”的链式论证。

5.内容特点

知识晶体化，将复杂理论提炼为“三流高手靠努力，二流高手借规律，顶级高手懂系统”；工具可视化，绘制“头部矩阵”等15张思维导图；元认知升级，倡导“思考自己的思考方式”，建立思维纠偏机制。

6.营销发行

初期定向投放得到App、樊登读书会等知识付费社群，通过“高手暗箱”等悬念话题引发解读；中期联合LinkedIn发起“职场跃迁计划”，用“竞争力诊断工具”实现社交裂变；末期将书中模型开发为“破局决策卡牌”，持续提升用户黏性。

第四节　作者简介

定义内涵

作者简介是指一本图书创作者的基本情况、相关成就等信息的简要介绍。旨在帮助读者更好地了解作者，进而了解图书。

具体内容

作者简介，是重要的营销工具之一，也是扩大个人知名度的最好宣传方式。

许多读者通过阅读此书，认识了作者、了解了作者、链接了作者。

作者简介常常被作者本人所忽视，撰写一个好的作者简介对于图书营销起到很积极的作用。

如何写好作者简介？这是个技术活，也是个艺术活。

作者简介不宜太长。不能把性别、民族、爱好、家庭住址、发表过的论文、申报过的课题、获得过的所有荣誉等都写进去。

作者简介太长让读者感觉没有含金量。

作者简介也不宜太短。不能只写姓名、单位，寥寥数语。

作者简介太短让读者感觉第一印象不够深刻。

作者简介应能体现作者在该领域的权威性，可从以下几个方面撰写：

1.专业身份定位

职称+工作单位+专业领域

例如：国家二级心理咨询师/某某大学辅导员/专注学生心理健康教育12年。

2.教育学术背景

最高学历+研究方向+学术成果

例如：北师大应用心理学硕士，发表学生工作论文7篇。

3.实践成果亮点

创新品牌+服务规模+典型成果

例如："百场校园巡讲行动"发起人，累计在全国开展讲座100余场，培训辅导员10000+人次。

4.社会价值延伸

公益贡献+社会职务+媒体影响

例如：中国教育干部网络学院师资库成员，自媒体公众号创始人。

5.创作动机阐述

写作初心+内容特色

例如：本书凝结了作者10年一线工作经验，能提供可复制、可借鉴指导方案。

每名作者都是独一无二的，在撰写作者简介时，先要深入挖掘自己的独特之处，找到最能代表身份和成就的标签。

例如，作者是一位辅导员，在学生管理一线坚守20年，在主流思政平台上发表原创网文百余篇。这种明确而有特色的标签，能迅速在读者心中建立起作者的专业形象，吸引对该领域感兴趣的读者。

典型图书

《图说大学生活》 作者：尤长军

书　　名：《图说大学生活》
作　　者：尤长军
出 版 社：中国石化出版社
出版时间：2023年06月

这本书作者简介：尤长军，副教授，从事一线大学生思想政治教育与管理工作20余年，现任辽宁农业职业技术学院学生处处长。辽宁省高校优秀辅导员；辽宁省高校大学生思想政治教育成果一等奖获得者；辽宁省先进工作者；辽宁省就业先进个人；“KAB”创业指导师。

主编教材10余部，发表论文20余篇，拥有20余门学生管理版权课程，“图说思政”创始人，“图说思政校园行”发起人，倡导用最简单的画面、最短的语言，讲述最贴心的道理，活动发起3年来受众师生超5万人。

在高校思政网、高校辅导员在线等主流思政平台上发表网文超百篇，“辅导员联播”微信公众号特约撰稿人，并在“辅导员联播”思政平台开设“图说思政 老尤谈育人”专栏，文章深受广大师生好评。

信息直通车

很多一线辅导员没有专家头衔，所以辅导员出版图书时的作者简介要从以下几个方面撰写：

一是作者姓名。辅导员姓名是必须写的，辅导员评职称时，也要求出版的著作署真实姓名。当然如果没有以上情况，也可以用笔名。例如：《一年顶十年》　作者　剽悍一只猫

二是作者单位。作者单位也尽量写上，因为作者所在的单位有可能成为作

者的背书。当然，你不想用这本书评职称的话，则可以不写。

三是作者职称。写上作者职称，增加此书的厚度。当然，如果职称较低也可不写。

四是作者学历。学历如果是博士，写上后会增加打造个人品牌的机会。

五是作者荣誉。荣誉最好写与本书内容相关的荣誉，荣誉级别越高越好。

六是作者资质。作者获得过哪些证书。例如，国家二级心理咨询师、全球职业规划师(GCDF)、职业指导师等。

七是作者品牌。作者品牌是指作者开展的一项创新品牌活动。例如，“百场校园巡讲行动完成者”“资助万里行活动发起人”“书香有礼校园行品牌活动发起人”。

八是作者研究方向。一句话概括作者研究方向。凸显本书聚焦研究方向。例如，研究方向为思政教育。

辅导员在撰写作者简介过程中要注意：

(1)避免过度使用形容词，用事实和数据支撑；

(2)保持学术严谨性，荣誉需注明授予单位和正确的名称；

(3)新媒体成果需要标明平台及最新数据；

(4)突出与书籍内容相关的经历和荣誉。

金句分享

从作者简介出发，走进书籍背后的立德树人世界。

思维拓展

《教师力》 作者：老踏

书　　名：《教师力》

作　　者：老踏

出版时间：2022年12月

出 版 社：清华大学出版社

评价条数：1000+

重印次数：2次以上

发行情况：畅销书

1. 选题定位

本书聚焦高校教师群体。老踏以“过来人”身份回应青年教师“既要站稳讲台，又要突围科研”的生存焦虑，将教师职业发展痛点转化为可复制的成长路径。

2. 书名凝练

“教师力”以“职业+能力”组合提炼核心价值，弱化学术感，强化身份共鸣。通过口语化表达降低认知门槛，直击教师对“系统性成长方法论”的渴求。形成“身份标签+解决方案”的靶向吸引力。

3. 目录设计

目录采用“三维攻坚”架构：教学篇（课堂设计、学生互动）、科研篇（论文写作、项目申报）、发展篇（时间管理、职称突围）。每章以“问题—策略—案例”展开，体现“轻理论、重转化”的实用导向。

4. 结构逻辑

本书以“教学为基、科研为翼、发展为轴”构建三角模型。教学篇侧重“站稳讲台”的基础能力，科研篇聚焦“产出突围”的硬核技术，发展篇统筹资源整合与职业规划。案例贯穿“青椒”到“教授”的全周期，形成“生存—发展—超越”的阶梯式成长逻辑。

5. 内容特点

与同类图书相比具有三大特色：其一，晒出作者“国家级课题被毙3次”等真实失败案例，以“踩坑经验”增强可信度；其二，提炼“教学反思四象限”等可视化工具，将抽象能力转化为具体动作；其三，嵌入“高校教师24小时生存实录”等场景化叙事，用共情力消解说教感。

6. 营销发行

依托作者“学术链@老踏”IP矩阵，构建“书—课—社群”闭环：通过公众号“青椒Plan”连载书中干货，引流至“教师力训练营”。

第五节　内容提要

定义内涵

内容提要是指对一本书核心内容的简要概括和介绍，旨在让读者在短时间内快速了解书的内容、主题和框架，激发读者进一步了解的兴趣。

具体内容

封面、书名、目录、内容提要四件套是激发读者购买图书的四大要素。

从传播和营销的角度来说，内容提要对一本书非常重要。

编辑了解一本书，首先要看内容提要；一本书的营销，不管是平媒、网媒，还是网店，都需要从内容提要里找出关键词进行推广。

读者购买一本书，也要看内容提要，通过快速浏览内容提要，可以了解这本书是不是对自己有帮助，是不是值得购买阅读。

一本书没有内容提要，可能无形中拒绝了无数次的营销机会。

最简单的内容提要，可以用倒金字塔结构来写：

首先，用一句话高度概括：这是一本什么样的书。这句话就是内容提要的核心，要突出本书最大的卖点。其次，再用100字对上一句话进行扩写或补充。最后，再写300字，继续对100字进行扩写和补充。

一本书的内容提要字数不宜过多，控制在400字以内就可以。

内容提要可围绕这本书的营销工作展开，要给出三个信息：是什么？给谁看？读者为什么买？

从吸引读者的角度来看，内容提要是图书的“魅力名片”。

在信息爆炸的时代，书店陈列的图书琳琅满目，线上购书平台更是提供了海量的选择。

一本好书若没有精彩的内容提要，就如同被尘封的宝藏，难以在众多图书中崭露头角。

内容提要用简洁而富有感染力的语言，勾勒出书中最引人入胜的部分，激发读者的好奇心与探索欲，让读者在瞬间被吸引，想要翻开书，一探究竟。

从引导阅读的层面来说，内容提要是阅读之旅的“导航地图”。

内容提要提前为读者揭示了书的主题方向和大致脉络，帮助读者在阅读过程中更好地理解和把握书的内容。

当读者带着内容提要提供的初步认知进入书中世界时，能更有针对性地去思考和感悟，如同在陌生的城市中有了清晰的地图指引，阅读变得更加顺畅和高效。

内容提要虽短小精悍，却在图书传播和读者阅读过程中发挥着巨大作用。它是连接图书与读者的关键纽带，让每一本蕴含智慧的图书快速找到与之共鸣的读者，让读者在书的世界里找到启迪心灵的光芒。

典型图书

《思想政治教育红色文化资源研究》 作者：张珊

书　　名：《思想政治教育红色文化资源研究》
作　　者：张珊
出 版 社：社会科学文献出版社
出版时间：2023 年

内容提要：本书对思想政治教育红色文化资源的历史、样态、功能、发展境遇及建设方式等进行系统阐释，其创新之处包括以下几个方面：

一是通过历史回溯，阐述了思想政治教育红色文化资源的形成过程及运用实践；

二是从概念构建、样态呈现、主要功能、发展境遇等方面对思想政治教育红色文化资源进行了系统探讨，具有一定的开拓性；

三是具体勾勒了思想政治教育红色文化资源的开发路径，包括确立开发原则、开发主体、开发内容和开发方式等，实现从理论到实践的有机衔接。

信息直通车

“内容提要”一般包括：背景或问题陈述、核心内容概述、特色亮点、读者对象、预期效果。

在撰写“内容提要”时要注意避免采用过于学术化的语言，语言要简单明了，要有吸引人的开头和有力的结尾，涵盖关键卖点。

撰写辅导员书籍的“内容提要”时，建议采用“痛点切入+价值说明”的结构框架，以下是具体写作思路：

1.行业痛点切入（2~3句）

用数据或现象揭示当前辅导员工作面临的挑战。

例：“在青少年心理健康问题发生率逐年攀升的当下，传统辅导模式正面临前所未有的挑战……”

2.核心价值提炼（1句）

可用“不是……而是……”句式强化独特性。

例：“这本书不是简单的经验汇编，而是基于积极心理学理论的系统干预方案。”

3.内容架构说明（模块化展示）

方法论体系（理论模型）、工具表单（实用工具）、典型案例（场景化应用）、评估体系（效果验证）。

4.创新亮点提炼（3点式）

独创的“三维辅导模型”、20+可视化沟通工具卡、配套数字资源平台。

5.目标读者定位

分级明确读者群体：

一线辅导员（核心读者）、教育管理者（延伸读者）、家长群体（潜在读者）。

内容提要是图书内容的“浓缩精华”。

内容提要要精准概括，将一本书的核心思想、主要情节或关键知识点提炼出来。

内容提要能为读者提供快速筛选图书的重要依据，节省读者大量的时间和精力。读者通过阅读内容提要，能在短时间内对本书的核心内容和价值有初步了解，判断这本书是否符合自己的阅读需求。

一般情况下，我们看到一本书决定是否购买，主要看这三个要素基本就可以下单了。

（1）书名吸引。当我们看到一本书时，书名一下吸引了我，感觉这个主题很适合我。

（2）章节引爆。于是拿起了图书，赶紧翻开图书浏览目录，突然发现某个章节正是目前困扰我的最大痛点，直击我内心。

（3）内容确认。接下来我要看看这本书的内容提要，了解这本书的核心内容是不是我目前最需要的。

如果是我需要的，我想看看作者是如何解决这个痛点的，最后，毫不犹豫下单购买！

金句分享

浓缩的都是精华，一页简介藏乾坤，书中万象皆可寻。

思维拓展

《法治的细节》 作者：罗翔

书　　名：法治的细节

作　　者：罗翔

出版时间：2021年11月

出 版 社：云南人民出版社

评论次数：50万+

重印次数：10次以上

发行情况：爆款书

1.选题定位

作者以“法律网红”的独特身份，将法学从象牙塔拉入公共领域。选题聚焦法治进程中容易被忽视的“细节”——热点案件、道德困境与法理悖论，通过大众化解读回应社会焦虑，既满足了公众对法律知识的渴求，又引导理性思辨，在普法与哲学间找到平衡点。

2.书名凝练

本书以“宏观叙事+微观解构”制造反差，暗示法治精神蕴藏于具体个案与程序正义中。书名摒弃学术术语，以“细节”触发共情，降低阅读门槛，同时通过留白引发好奇。

3.目录设计

每章以“设问式”标题引导思考（如“人肉搜索违法吗？”），辅以“圆桌讨论”“法条深一度”等板块，形成“个案解剖—理论升华—价值反思”的递进链条。

4.结构逻辑

构建“案例—法理—人性”三维框架，揭示法治背后的文明演进逻辑，实现“具体—抽象—具体”的认知闭环。

5.内容特点

三大特色突破传统普法：其一，用“张三宇宙”等网络梗解构专业概念，构建法律与日常的认知桥梁；其二，引入哲学、文学视角，拓宽法治讨论的人文纵深；其三，坦承法律局限性，以“法治虽不完美，但值得坚守”的务实态度平衡理想与现实。

6.营销发售

依托罗翔现象级个人IP，借势B站千万粉丝流量池；联合新媒体平台发起“法治十日谈”共读计划；将书中“正义与偏见”等章节拆解为短视频，实现从知识付费到公共讨论的破圈效应。

第六节　字数印张

定义内涵

图书字数涵盖一本书的版面文字量，除环衬不计字数外，包含连续编排页码的正文、目录、辅文等所有元素。它反映书籍内容的文字规模。

图书印张是出版印刷领域的专业术语，用于计算图书的用纸数量和篇幅。

具体内容

一本书的字数主要指版面字数。版面字数是指一本书版权页上标注的字数，即按照“每行字数 × 每面行数 × 总面数”的算法。

图书的版面字数一般会比Word统计出来的字数多20%~40%，如果书中的图片、表格较多，版面字数会更多。辅导员在职称评审中要求完成的书籍字数一般是指版面字数。

辅导员在写书过程中，经常认为字数越多越好，认为字数多评职称更有利，因此往往写得多、写得杂、写得重复。

但是如果想打造一本畅销书，字数要保持适中，尽可能少说废话，简洁干练。字数宜少一点、章节宜短一点，这样便于阅读。

现在信息来源丰富，大家时间有限，厚重如“大砖头”的书籍会让人望而却步，很难坚持阅读。

写书不要硬凑字数，要尽量给干货，给方法，给情绪，给读者最想从书中获取的。

辅导员写一本书，版面字数控制在15万字左右为宜，那么用Word统计字数为13万左右即可。这样篇幅的书，给人的感觉很容易读，如果再能做到图文并茂，更能让读者轻松阅读。

对于学工类图书，首印数一般以2000~3000册为宜。印数太低浪费出版社的成本，因为传统印刷方式对图书印数有起印量的要求。印数太高，书销售不出去，造成库存积压，也会造成出版社成本的浪费。

印张是指1张全张纸（未裁切的标准纸张，尺寸因标准而异），经过印刷、裁切后所包含的有效页面数量。

印张数=总页面数 ÷ 开本数

例如，一本书有320面，开本为16开，印张数为320 ÷ 16=20（印张）。

书籍印张是印刷成本核算的重要依据，与纸张成本、印刷费用等密切相关。相同印数的情况下，印张数越多，纸张用量越大，印刷成本越高。

信息直通车

书籍印张决定版面空间。书籍印张是计算出版书籍篇幅的单位，每一个印张包含一定数量(由图书开本决定)的页面。页面版心的大小和排版方式决定了每个印张所能容纳的字数。

书籍字数影响印张数量。书籍总字数越多，需要的印张数通常也越多。出版社在排版时会根据既定的开本、字号、行距等计算出每页的版面字数，再用总字数初拟每页版面字数得出总页数，总页数除以开数，就可以得到印张数。

听起来比较模糊复杂，用一个公式呈现：

如果一本书总字数是30万字，每页排版3000字，共计100页，开本为16开，则计算公式为100 ÷ 16=6.25（印张）。

金句分享

字数为书籍注入灵魂，印张为书籍搭建躯体，二者共同为书籍赋予了生命。

思维拓展

《沟通的方法》 作者：脱不花

书　　名：《沟通的方法》
作　　者：脱不花
出版时间：2021年06月
出 版 社：新星出版社
评论次数：30万+
重印次数：3次以上
发行情况：爆款书

1.选题定位

脱不花瞄准现代人普遍存在的沟通焦虑——从职场汇报到家庭关系，从向上管理到跨部门协作。本书摒弃空泛的“情商课”，聚焦具体场景下的行动清单，将沟通定义为可拆解、可训练的技术动作。

2.书名凝练

“沟通的方法”以“问题+解决方案”的极简公式直击痛点，迅速锁定目标人群。强化实用属性，在信息过载时代反而成为高效传播的优势。

3.目录设计

目录按“对象—目标—场景”三维度展开：前半部解析倾听、说服、求助等基础动作，后半部攻坚汇报、调解、即兴发言等复杂任务。

4.结构逻辑

每章以“挑战—心法—案例”三板斧结构推进，如“怎样主持会议：从‘失控现场’到‘有序生产力’”，搭配“话术工具箱”“红线清单”，形成即学即用的场景化指南。以“穿透表象—构建系统—内化本能”为暗线，实现从技术模仿到认知升维的跃迁。

5.内容特点

三大创新突破传统沟通术：其一，独创“沟通飞轮”模型（倾听—响应—引导闭环），将抽象能力转化为可复制动作链；其二，引入“翻译技术”（将情绪转化为需求，将冲突转化为方案），提供情绪价值的工程化解决方案；其三，大量使用企业真实案例（如美团内部沟通手册），提升场景还原度与策略颗粒度。

6.营销发行

依托"得到"系资源矩阵，打造"书—课—训练营"产品闭环：在App上线免费试读章节引流，配套音频课实现深度转化。

第七节　参考文献

定义内涵

参考文献是指在撰写一本书的过程中，作者为了论证观点、提供数据支持、拓展内容等目的而引用或参考的其他文献资料的统称，它反映了该书内容的来源和依据，也为读者进一步深入研究提供了线索。

具体内容

辅导员在写一本书之前，经常会找一批同类书进行学习参考。当当网、京东网等平台的许多学工类图书具有很好的参考价值。你可以以销量排行榜、评价数量为标准，购买销量最高、评价最多的10本书。然后通过拆解这些书的书名、文案、目录、结构、封面等进行学习和参考，确定自己图书的书名、文案和结构。同时，书里的相关内容，也可以作为你写作时的参考资料。

参考文献的格式参见国家标准GB/T 7714—2015《信息与文献　参考文献著录规则》的有关规定。

（1）专著

作者.书名：其他书名信息［M］.翻译者，译.版次（第1版不写）.出版地：出版社，出版年：页码.

例如：

［1］刘明耀.辅导员打造个人品牌IP实战指南［M］.北京：中国石化出版

社，2022：50-60.

［2］陈登原. 国史旧闻：第1卷［M］. 北京：中华书局，2000：29.

（2）期刊论文

作者. 论文题名［J］. 刊名：其他刊名信息，出版年份，卷（期）：页码.

例如：

［1］陈俊武，曹汉昌. 石油加工中的组成变化与过程平衡［J］. 炼油设计，1990，20（6）：1-10.

［2］张旭，张通和，易钟珍，等. 采用磁过滤MEVVA源制备类金刚石膜［J］. 北京师范大学学报：自然科学版，2002，38（4）：478-481.

（3）报纸

作者. 题名［N］. 报纸名，年-月-日（版）.

例如：

姚士英. 智能油罐含水率测定仪问世［N］. 中国化工报，1997-05-15（3）.

（4）论文集（或汇编）

作者. 论文题名［C］//文集编者. 论文集名. 出版地：出版者，出版年：页码.

例如：

聂红，杨清河，李大东. 绿色低碳提高效能的炼油加氢技术［C］//中国石油学会石油炼制分会，中国石化化工信息学会.2015年中国石油炼制科技大会论文集. 北京：中国石化出版社，2015：11-23.

（5）专利

专利申请者或所有者. 专利题名：专利号［P］. 公告或公开日期.

例如：

［1］邓一刚. 全智能节电器：200610171314.3［P］. 2006-12-13.

［2］KOSEKIA，MOMOSE H，KAWAHITO M，et al. Compiler：US828402［P］. 2002-05-25.

（6）标准

起草责任者. 标准名称：标准号［S］. 出版地：出版者，出版年：页码.

例如：

国家环境保护局科技标准司. 土壤环境质量标准：GB 15616—1995［S］. 北

京：中国标准出版社，1996：2-3.

（7）学位论文

作者. 题名［D］. 保存地点或出版地：保存单位或出版者，出版年：页码.

例如：

马欢. 人类活动影响下海河流域典型区水循环变化分析［D］. 北京：清华大学，2011：27.

（8）网络电子资源

责任者. 题名：其他题名信息［文献类型标识/文献载体（OL）］. 出版地：出版者. 出版年：页码（更新日期）［引用日期］. 获取访问路径.

例如：

［1］赵耀东. 新时代的工业工程师［M/OL］. 台北：天下文化出版社.1998：23-28［1998-09-26］. http：//www.ie.nthu.edu.tw/info/ie.newie.htm（Big5）.

［2］傅刚，赵承，李佳路. 大风沙过后的思考［N/OL］. 北京青年报，（2000-04-12）［2005-07-12］. http：//www.bjyouth.com.cn/Bqb/20000412/GB/4216%5ED0412B1401.htm.

信息直通车

参考文献在书籍整体架构中具有多方面重要作用，具体如下：

1.提升内容可信度

提供依据。作者通过引用权威的参考文献，能为书中的观点、数据、理论等提供坚实的依据，使读者相信内容的真实性和科学性，比如学术著作引用大量专业研究论文来支撑论点。

展示严谨性。丰富准确的参考文献体现了作者研究和写作的严谨态度，让读者感受到作者对知识的尊重和对内容的负责，提升书籍的可信度。

2.拓展知识体系

补充信息。参考文献能为读者提供进一步拓展阅读的线索，使读者可以根据这些线索深入研究相关主题，获取更全面、深入的知识，满足不同读者的求知需求。

连接知识网络。将书中内容与其他相关研究成果连接起来，形成一个更广泛的知识网络，帮助读者了解该领域知识的整体架构和发展脉络，明白本书在整个知识体系中的位置。

3.尊重知识产权

避免抄袭。规范地列出参考文献是对原作者知识产权的尊重，表明书中内容哪些是作者自己的创作，哪些是引用他人的成果，从而避免抄袭和学术不端行为。

遵循学术规范。在学术和专业领域，正确使用参考文献是遵循学术规范的基本要求，有助于维护学术秩序和知识创新的环境。

4.方便学术交流

提供研究起点。为同行研究者提供了一个研究的起点和基础，其他学者可以通过参考文献了解本书的研究基础和前人的相关工作，便于在此基础上进行进一步的研究和创新。

促进学术对话。参考文献使不同作者的研究成果得以相互关联和对话，推动学术领域的交流与发展，促进学术思想的碰撞和融合。

金句分享

参考文献是诚信创造的见证，标注他人智慧，彰显学术品德。以参考文献为索引，编织知识的网络，借参考文献驶向知识深海。

思维拓展

《教学创新大赛备赛手册》 作者：田洪鋆

书　　名：《教学创新大赛备赛手册》
作　　者：田洪鋆
出版时间：2024年12月
出 版 社：清华大学出版社
评论次数：5000+
重印次数：3次以上
发行情况：畅销书

1.选题定位

作者聚焦高校教学竞赛垂直领域，精准锁定教师群体需求。以“教学创新大赛”为切入口，直击高校教师职称晋升、成果展示痛点，将竞赛规则解析与实战经验结合，具有明确的场景化应用价值。

2.书名凝练

采用“核心场景+功能属性”命名法，关键词“教学创新大赛”“备赛”直指用户需求，“手册”强化工具属性。标题简明扼要。

3.目录设计

采用“总—分—总”逻辑框架，分设“认知篇—设计篇—案例篇—执行篇”。特色章节如“选题破题四象限模型”“逆向教学设计法”体现方法论创新。案例篇设置往届金奖复盘，增强说服力；执行篇细化材料包装、答辩话术，突出实操性。

4.结构逻辑

构建“理论—方法—实践”递进体系，符合教师学习认知规律。从赛事规则解读切入，过渡到创新方法论，再辅以案例拆解，最终落脚于申报材料制作技巧，形成完整备赛闭环。各章节设置互动反思模块，强化知识内化。

5.内容特点

深度融合建构主义教学理念，独创“三阶九步”备赛模型。内容呈现三大特色：①可视化工具；②真实申报材料对比分析；③常见误区预警系统。语言风格兼具学术严谨性与口语化表达，降低阅读门槛。

6.营销发行

通过教育类直播平台进行作者IP孵化，开发配套微课、申报模板库等增值服务。

第二章

破解写书之惑：揭秘创作秘籍

第一节　软文输出

定义内涵

辅导员软文输出是指辅导员在思想政治教育过程中通过软文的形式载体，将教育理念、学生管理、思想观点等内容嵌入文章中，以达到引导学生，传递正能量，提升思想政治教育实效性和针对性的目的，进而提升育人效果。

具体内容

辅导员软文输出没有具体的格式要求，可以是自己在学生管理过程中的所见、所闻、所感，也可以是自己对新闻时事热点的个人思考；没有具体字数要求，可以是“豆腐块软文”，也可以是“感悟言”软文。

辅导员软文输出属于有感而发、有思而写、有想而悟。

典型图书

《教育，一场诗意的旅行》 作者：山东交通职业学院 丁兆永

书　　名：《教育，一场诗意的旅行》
作　　者：丁兆永
图书类型：软文类
出版时间：2020年05月
出 版 社：团结出版社

这是一本软文类专著。作者以软文的形式把诗意注入教育。作者把在教育教学过程中的所见、所读、所做、所思都进行了记录。从班级管理、班级文化、心理健康、教育写作到辅导员工作，随手记录，随时整理，逐渐形成了文章。

作者是一名辅导员，是丁兆永辅导员工作室主持人，是职业院校主题班级文化建设倡导者和实践者，荣获“山东高校优秀辅导员”称号。

作者在班级管理方面，一直贯彻“文化育人”的教育理念，积极推行泰山文化、黄河文化进班级，是深入、系统、全面把泰山文化、黄河文化融入班级管理的开拓者。十余年来，一直从事主题班级文化建设和品牌研究。

作者以“人生是一场旅行，教育更是一场诗意的旅行”为主题，将自己的所见、所闻、所感进行整理凝练，出版了这本书。

《在海滩上种花：一个大学辅导员的工作日记》 作者：山东大学 范蕊

书　　名：《在海滩上种花：一个大学辅导员的工作日记》
作　　者：范蕊
图书类型：软文类
出版时间：2017年11月
出 版 社：中国言实出版社

这是一本软文类专著。它记录了一名辅导员的日常工作，也记录了一群年轻大学生的学习、恋爱、人际关系等日常生活的点点滴滴。

作为一名辅导员，作者一路走来，用看似琐碎的文字去体察大学生的日常生活，反映年轻大学生的彷徨与迷惘，陈述自己的教育观点，记录大学生的每一步前行，对当下大学生中出现的世故、功利、浮躁进行冷静反思。

在辅导员的工作岗位上，作者希望自己能像希腊神话里的西西弗斯一样，虽然可能努力之后还是收效甚微，却依然坚持推着石头前行，和学生一起成长。

【写作难度】★

写书无难事，只怕肯坚持。

写书直通车

明确目标受众。辅导员软文输出要根据不同群体和主题（如大学生、寝室生活、家校合作、危机事件等）的特点和需求，设计内容风格和语言表达风格。

选定独特视角。辅导员撰写软文要结合时事热点、校园生活、学生成长等话题，选取新颖独特的切入点，避免陈词滥调，使软文更具有吸引力和感染力，更加生动有趣。

注重情感共鸣。辅导员在软文输出过程中，要挖掘和展现人物情感，激发读者共鸣，使软文在传递知识的同时，也能触动人心，引发思考。

分类存档管理。辅导员在进行软文输出时，要进行分类存档管理，每个主题单独设立文件夹，一类一主题，清晰明确，形成自己的“软文素材库”。

写书计算器

作为辅导员，如果每周输出2篇软文，主题不限、题材不限、时间不限、空间不限、格式不限，把你的所见、所闻、所感、所思、所悟记录下来，每篇软文500字即可。一个月可以完成8篇软文，一年可以完成96篇软文，一年可以输出文字累计5万余字。

如果你坚持两年时间进行软文输出，你将可以出版一本软文类专著！

金句分享

朋友圈发的永远是“说说”！辅导员要学会将“说说”变成图书！

思维拓展

《对分课堂：中国教育的新智慧》 作者：李学新

书　　名：《对分课堂：中国教育的新智慧》
作　　者：李学新
出版时间：2024年12月
出 版 社：科学出版社
评论次数：2000+
重印次数：2次以上
发行情况：畅销书

1.选题定位

本书聚焦本土原创教学模式，紧扣“课堂改革”与“核心素养”两大教育热点，以“对分课堂”为切入点，回应“双减”政策下课堂效率提升需求。目标读者精准锁定中小学教师、教研员及师范院校师生，兼顾理论创新与实践推广双重价值。

2.书名凝练

主标题“对分课堂”直击核心概念，副标题“中国教育的新智慧”凸显本土创新性与理论高度，形成“方法论+价值主张”的命名策略。

3.目录设计

设置“起源篇”“实践篇”“评价篇”“拓展篇”四大板块。

4.结构逻辑

遵循“WHY-HOW-WHAT”黄金圈法则：先论证传统课堂困境与对分理念创新性，再详解“备课—讲授—内化—讨论”四环节操作流程，最后通过实证数据验证有效性。

5.内容特点

独创“时间对分”“权责对分”“评价对分”三维理论模型；提供20+学科适配模板与50+课堂话术脚本；每章设置“本土化反思”专栏，对比翻转课堂等外来模式。

6.营销发行

举办全国分课堂工作坊，嵌入教师继续教育学时认证体系；对接区域教育局开展课改示范区合作，打造样板校案例。

第二节　网文写作

定义内涵

辅导员网文写作是指辅导员借助网络平台（如博客、微信公众号、小红书等）进行的文字创作，内容通常围绕学生管理、思想教育、心理健康、职业规划等方面，旨在引导学生健康成长，传递正能量，增进师生间的沟通与理解。

具体内容

辅导员网文写作与辅导员软文输出具有相同性质，但也存在一定的区别。

相同点：

二者都可以围绕党和国家的方针政策、重大事件、社会热点问题和学生成长、日常管理等内容开展撰写，要求撰写内容言之有物、通俗易懂，情感真挚、风格亲切，引导学生树立正确的价值观、世界观和人生观。

区别：

规范性。辅导员网文写作更具有规范性。在主题、格式、内容、措施等方面较为规范，语言更加精练，条理更加清晰；辅导员软文输出则具有松散性。

官方性。辅导员网文写作经常由官方组织开展评选，如每年大学生网络文化节中的网络文章评选；辅导员软文输出则具有个体性。

时政性。辅导员网文写作聚焦某一特定的主题或观点，旨在通过网络平台进行信息传播、思想引导和情感沟通，增强网络思想政治教育的针对性和实效性。

广泛性。辅导员网文写作属于辅导员开展网络思想政治教育的重要途径；辅导员软文输出则属于个人的爱好或随笔。

辅导员写网文要贴近学生的生活，选择与学生日常学习、生活、情感等相关的主题，分享学生工作中的感悟与经验，发表时事看法，撰写学生成长过程，提供心理健康小贴士，发布职业规划建议等，通过网文能够引起学生共鸣，传递正能量。

典型图书

《图书大学生活》 作者：辽宁农业职业技术学院 尤长军

书　　名：《图说大学生活》
作　　者：尤长军
图书类型：网文类
出版时间：2023年06月
出 版 社：中国石化出版社
重印次数：2次

这是一本网文类书籍。该书从学生发生的真实案例入手，剖析问题的原因，给出问题的答案，指明努力的方向，配上直观的图片，用最精练的语言、最直观的画面，讲述最直接的道理。这是一本辅导员开展网络思想政治教育的参考书，也是大学生自我成长的指导书。

这本书涵盖了爱国主义、寝室生活、未来成长、爱情追求、军训管理、团学干部、专业学习、成功失败等内容，通过网文的形式呈现出来。

该书作者从事大学生思想政治教育与管理工作二十余年，是辽宁省“图说思政”辅导员名师工作室主持人，辽宁省高校优秀辅导员；在高校思政网、高校辅导员在线、高校辅导员联盟等主流媒体上发表思政网文超百篇。

这本书的特色是把思政网文和原创插图有机结合在一起，作者是美术专业毕业，充分把自己的个人专业优势和思想政治教育工作有机结合，图说思政，思政融图。

这本书破解了辅导员个人专业与大学生思想政治教育工作如何进行有效融合的难题。

作者把美术专业+思政教育+网文写作+成果落地进行了串联，既形成了个人成长闭环，又形成了特色的网络思政育人品牌。

《一位高校辅导员的100篇“微”日志》 作者：郑州大学 曾鑫

书　　名：《一位高校辅导员的100篇“微”日志》
作　　者：曾鑫
图书类型：网文类
出版时间：2019年05月
出 版 社：广西师范大学出版社

这是一本网文类书籍。作者以其多年的辅导员工作经验为基础，反思辅导员工作中的不足和困惑、难题与焦虑，形成了具有典型意义的100篇工作日志。

作为“微时代”的辅导员，他抓住了“新媒体”这对翅膀，其撰写的“曾哥谈心坊”“职业成长路”“工作鑫思考”“热点鑫观察”等系列网络文章，既有对学生成长的悉心指导，也有对辅导员自身成长的深切关注，以独特的视角映射了一个新时代辅导员的成长之路。

《洞见大学》 作者：泉州师范学院 朱应开

书　　名：《洞见大学》
作　　者：朱应开
图书类型：网文类
出版时间：2022年01月
出 版 社：厦门大学出版社

这是一本网文类专著。作者作为辅导员，将思想政治教育内容与教育对象切身利益问题相结合，针对当代青年在校园生活中遇到的学习、生活烦恼与思想困惑，围绕思想引领、党史学习教育、学业指导、情感解惑等核心问题展开探讨。用文字聚焦青年思想困惑，破解青年成长痛点难点。

【写作难度】★★

写书无难事，就怕肯积累。

写书直通车

网文写作是辅导员与学生沟通的一种方式，也是辅导员展现自身专业能力和思想深度的有效载体。

辅导员要有一双善于观察发现的眼睛，从学生管理与思政教育过程中寻找素材和灵感，经过思考，下笔有神；辅导员要积极参加各种交流培训，向优秀的辅导员学习借鉴他们的网文写作经验和技巧。

辅导员写一篇好的网文需要不断地深耕、发现、总结、凝练、思考、升华，写出既有深度又有温度的网络文章来赢得学生的喜爱和认可。

辅导员可以根据不同主题建立自己的原创网文“文件夹”。

辅导员发表原创网文的公众号有如下几个：

“辅导员在线　高等教育出版社”微信公众号——投稿邮箱：gxszwszyxzx@163.com

“高校辅导员联盟”微信公众号——投稿邮箱：young@bjty.edu.cn

“辅导员说”微信公众号——投稿邮箱：fudaoyuanshuo@126.com

如果辅导员拥有写书思维，就会发现你周围所有的人和事皆可成文！

写书计算器

《关于加强和改进高校宣传思想工作队伍建设的意见》中规定：要积极探索建立优秀网络文章在科研成果统计、职务职称评聘方面的认定机制。

辅导员撰写的原创网文既可以纳入科研成果统计，又可以纳入辅导员名师工作室验收成果，还可以用于个人职称评审。

辅导员原创网文写作，是最值得的一本万利的“投资”！

学生工作是辅导员网文写作的最好“铺路石”！

作为辅导员，如果每周撰写1篇网文，每篇网文字数1000字左右。一个月可以撰写4篇，一年完成48篇原创网文，则一年撰写原创网文字数可以累计5万余字。

如果你坚持两年时间进行原创网文撰写，你将可以出版一本网文类专著！

金句分享

天南海北话教育，原创网文可以谈。天下大事无可不谈，谈来谈去谈成了“书籍”。

思维拓展

《教育部人文社科基金项目申请指南》 作者：张聪

书　　名：《教育部人文社科基金项目申请指南》
作　　者：张聪
出版时间：2020年03月
出 版 社：知识产权出版社
评论次数：2000+
重印次数：2次以上
发行情况：畅销书

1.选题定位

该书精准定位于教育部人文社科基金项目的申请指导，旨在帮助学者和研究人员高效准备和成功申请项目。选题紧贴实际需求，满足特定群体的专业需求。

2.书名凝练

书名《教育部人文社科基金项目申请指南》高度概括了图书内容，简洁直观，易于识别和理解，准确传达了该书的实用性和指导性。

3.目录设计

目录结构清晰，层次分明，涵盖了申请流程、项目类型、申报材料准备、评审标准等关键环节，便于读者快速定位所需信息，提高阅读效率。

4.结构逻辑

本书结构严谨，逻辑清晰。从项目背景介绍到申请流程解析，再到案例分析和申请技巧总结，层层递进，形成了一个完整的知识体系，有助于读者系统掌握申请要点。

5.内容特点

本书内容全面且深入，既包含基础知识的普及，又涵盖高级技巧的传授。语言表述简单明了，避免了专业术语的过度堆砌，使不同水平的读者都能从中受益。

6.营销发行

本书通过多种渠道进行发行和推广，如专业书店、在线平台、学术会议等，与高校、研究机构等合作，开展专题讲座或研讨会，提升书籍销量。

第三节　案例积累

定义内涵

辅导员案例积累是指辅导员在日常学生工作中，主动收集、整理、分析并总结具有教育意义、启示作用或典型特征的学生工作实例的过程。这些案例通常涉及学生的思想教育、学业指导、生涯规划、心理健康、班级管理、危机事件等方面，也是辅导员在学生管理过程中遇到的问题及辅导员的解决策略与效果反馈。

通过案例积累，辅导员能够丰富自身的实践经验，提升问题处理与应对能力，为学生的个性化教育和全面发展提供更加精准有效的指导，更好地服务于学生的成长成才。

具体内容

1.案例收集

辅导员需要时刻保持对学生动态的敏锐洞察，通过日常观察、与学生交流、与任课教师及班委沟通等多种途径，及时发现并收集具有代表性和典型性的学生工作案例。

收集的案例应涵盖不同类型、不同性质的问题，以确保案例的多样性和全面性。

2.案例整理

对收集的案例进行整理，包括对案例背景、问题描述、处理过程、处理结果等关键信息进行梳理。

在整理过程中，辅导员需要对案例进行深入分析，提炼出案例中的核心问题和关键点。

3.案例分析

在整理的基础上，辅导员需要对案例进行深入剖析，探讨问题产生的原因、影响因素以及解决策略的有效性。

通过案例分析，辅导员可以总结出类似问题的处理规律和经验教训，为今后的工作提供参考和借鉴。

4.案例总结

对分析过的案例进行总结，提炼出案例中的亮点和不足，以及可以借鉴和推广的经验做法。

在总结过程中，辅导员需要注重案例的普遍性和特殊性，既要看到案例的共性特征，也要关注其个性差异。

5.案例应用

将积累的案例应用到实际工作中，通过类比推理、经验借鉴等方式，提高处理学生问题的效率和效果。

在应用过程中，辅导员需要不断反思和调整策略，以适应不同情境下学生问题的复杂性和多变性。

6.案例更新

随着时间的推移和学生群体的变化，辅导员需要不断更新和完善案例库，确保案例的时效性和针对性。

在更新过程中，辅导员需要关注新的教育理念、政策法规以及学生心理特征的变化，及时调整案例的内容和形式。

典型图书

《高校辅导员工作典型案例集》 作者：重庆交通大学 舒琳等

书　　名：《高校辅导员工作典型案例集》
作　　者：舒琳等
图书类型：案例类
出版时间：2021年06月
出 版 社：人民交通出版社
重印次数：7次

这是一本案例类书籍。本书收录的是重庆交通大学部分学院辅导员在长期从事学生教育管理工作中亲历的90个精选案例。

按照教育部辅导员职业能力标准，本书内容分为10个篇章：思想教育篇、班级管理篇、学风建设篇、日常事务篇、心理健康篇、网络媒体篇、危机事件篇、就业创业篇、理论实践篇、疫情防控期间学生管理篇。

每个案例都是发生在学生和辅导员身边的真实事件，与其工作、学习、生活密切相关，可感可触，能够提高辅导员的综合素质和处理学生事务的职业能力，为高校辅导员提供一定借鉴。

《高校辅导员心理助人实务案例》 作者：浙江省高校心理咨询工作联盟

书　　名：《高校辅导员心理助人实务案例》
作　　者：浙江省高校心理咨询工作联盟
图书类型：案例类
出版时间：2023年08月
出 版 社：浙江大学出版社

这是一本案例类书籍。该书聚焦心理助人，汇集了浙江省多所高校辅导员在心理助人方面的实务案例，这些案例涉及大学生在学习、生活、情感等方面遇到的各种心理问题，以及辅导员如何识别、评估、干预和后续跟进这些问题的过程。

书中的每个案例都详细描述了问题的背景、学生的症状表现、辅导员的干预策略、使用的技术和方法，以及最终的效果评估和反思。

这些案例不仅具有高度的实战性和可操作性，而且进行了深入的分析和反思，有助于辅导员理解学生心理问题的根源，提升心理育人的本领。

【写作难度】★★★

写书很容易，关键找案例。

写书直通车

辅导员可以按照教育部43号令九大职责分类写案例，也可以根据九大职责中某一个职责具体写案例。

辅导员既可以围绕十大育人体系写案例，也可以根据十大育人体系中某一个具体体系写案例。

学生工作案例是辅导员最快的可视化成果体现！

辅导员案例积累是写书出版最有效的内容载体！

一名优秀的辅导员，在学生工作中一定会有各式各样的学生工作案例。

有学生，则一定会有案例！

有案例，则更容易成书籍！

辅导员案例积累是一个持续不断的过程，需要辅导员具备高度的责任心和敬业精神，以及敏锐的观察力和分析能力。

如果辅导员拥有写书思维，则学生打架不再是打架而是案例，与学生谈话不再是谈话而是案例，查寝不再是查寝而是案例，带学生去医院不再是去医院而是案例，你所处理的每一项具体事务性工作都变成了你的“子弹”！

通过案例积累，辅导员可以不断提升自身的专业素养和工作能力，为学生的全面发展提供有力保障。

辅导员要学会建立自己的案例“弹药库”！

写书计算器

作为辅导员，如果每个月坚持写一个案例，每个案例3000字左右，则一年可以完成12个案例，一年时间辅导员案例积累字数近4万字。

作为辅导员，如果你坚持两年时间进行案例撰写，你将可以出版一本案例类专著！

作为二级院，如果组织本二级院辅导员撰写案例，一年内每个辅导员负责6个案例撰写，每个案例3000字左右，5个辅导员则可以撰写30个案例，一年内二级院则可以出版一本案例集。

作为学生处，如果组织全体辅导员开展案例撰写，每个辅导员撰写一个案例，每个案例3000字左右，一个学校有50个辅导员，一年内则可以征集50个典型案例，累计字数15万余字，一年内学生处则可以出版一本案例集。

辅导员写书出书速度与你的案例积累速度成正比！

金句分享

案例是矿石，书籍才是钻石！辅导员要学会从矿石中提炼出自己的“金刚钻”！

思维拓展

《做有温度的教育》 作者：方华

书　　名：《做有温度的教育》
作　　者：方华
出版时间：2017年06月
出 版 社：中国人民大学出版社
评论次数：5万+
重印次数：3次以上
发行情况：爆款书

1.选题定位

本书精准切入教育人文性缺失的社会痛点，以“温度”为核心，回应应试教育下情感疏离的普遍焦虑；定位教育从业者、家长及政策研究者群体，契合“双减”政策后的社会期待，兼具现实批判性与实践指导价值。

2.书名凝练

“温度”一词将抽象教育理念具象化，构建“冷热对立”的隐喻张力，暗示教育不应沦为冰冷的知识传输，形成情感共鸣点，激发目标读者身份认同。

3.目录设计

采用“问题—理论—路径”三段式架构：上篇剖析功利主义教育症结；中篇解构“温度教育”内核；下篇通过12个校本案例提供方法论。章节标题多设问句式，引导读者沉浸思考。

4.结构逻辑

以“破—立—行”为暗线贯穿全书：前两章用PISA测试数据与师生抑郁率调研揭露异化现象；中间3章借杜威“教育即生活”理论搭建框架；后4章按“家校社”协同逻辑展开实践图谱。案例穿插理论增强了说服力。

5.内容特点

独创“教育温度计”评价模型，将情感互动量化为可观测指标。行文融合教育叙事与政策分析，兼具感染力与学术性。附录提供20个课堂互动工具包，强化实操指导价值。

6.营销发售

线上以教师专题推文、知乎教育话题引流，线下进入“国培计划”教师书单。首印1.2万册，3个月加印。

第四节　学生故事

定义内涵

辅导员撰写学生故事，是指辅导员基于日常工作中的观察、了解与互动，将学生在成长过程中所经历的典型事件、面临的挑战、获得的成长以及内心的转变等，以故事的形式撰写出来。

具体内容

辅导员作为学生的人生导师和知心朋友，在思想政治教育过程中要对学生进行社会主义核心价值观引领，但是一味填鸭式灌输是学生最为反感的。

讲道理不如讲案例，讲案例不如讲故事，讲“天边”的故事不如讲身边的故事。

道理是冷的，故事是暖的；

道理是硬的，故事是软的；

道理是抽象的，故事是具体的；

道理罗列事实，故事深入人心。

写一本书，要站在读者的角度，让读者通过你的书籍内容联想到自己的经历，故事是和读者共情的最好“良药”。

辅导员要善于把学生的故事讲给学生听！

辅导员讲好学生的故事，要做到以下几点：

学生故事具有真实性。辅导员要确保所选取的学生故事是真实发生的，避免虚构或夸大其词。

学生故事具有启发性。辅导员要选择能够反映学生成长、转变或具有教育意义的学生故事。

学生故事具有代表性。辅导员选择的学生故事要具有普遍性，能够代表某一类学生或问题。

每个提炼精准的学生故事，都是一部奥斯卡电影。

一个好的故事可以疗愈学生内心，可以为学生精准赋能，可以走进学生进行深度链接，可以打造个人品牌。

辅导员在学生管理过程中掉过的坑、踩过的雷、流过的泪，都将孕育出一个个精彩的故事！

典型图书

《100个大学生的青春梦》 作者：浙江师范大学 庄经纬

书　　名：《100个大学生的青春梦》
作　　者：庄经纬
图书类型：故事类
出版时间：2019年07月
出 版 社：中国言实出版社

这是一本故事类书籍。透过学生、老师的身边小故事，可以感受立德树人的大道理，春风化雨、润物无声。书中的文字闪耀着青春的力量和奋斗的激情，令人深受感动与鼓舞。

作者作为一名辅导员，创建了“100个学生100个故事”学生工作品牌，但“100个学生100个故事”不仅仅是学生投稿、交稿、发表就结束了，而是真心实意与这些学生交流沟通，倾听每个学生的独特故事，从他们的故事里挖掘正能量并给予延伸引导。

该书精选了40位大学生追逐梦想的故事和60位大学生的梦想感言，以及作者的心语点评，引导大学生要把个人梦想的实现与中国梦的实现联系起来，为实现中国梦而奋斗！

《我的二本学生》 作者：黄灯

书　　名：《我的二本学生》
作　　者：黄灯
图书类型：故事类
出版时间：2020年08月
出 版 社：人民文学出版社
重印次数：26次

这是一本故事类书籍。作者作为班主任，带两个班级。在书籍中讲述两个班级的学生故事。有班长、有一般学生，有男生、有女生；有课堂趣事、师生交流、求职就业。在书中最大限度地呈现出每一个学生的成长经历、生存状态、就业去向。

这本书并没有泛泛写所带班级学生的全部故事，而是有重点地写学生故事。作者从课堂教学到带领学生开展活动，从参加挑战杯项目到社会实践，从随时咨询到就业跟踪，从多维度思考学生成长。

作者挖掘学生背后的故事，原生家庭、小山村、公交车、租房、贫困、求职、考公等，把这些维度融合在一起，形成了独特的视角。文字饱含深情，让读者走进二本学生的内心世界，感受他们的困惑、挣扎与希望，使有相似经历的读者产生强烈共鸣。

【写作难度】★★★

写书思路空，故事来填充。

写书直通车

哲学家萨特说过："人类一直是一个讲故事者，他总是活在他自身与他人的故事中。他也总是透过这些故事来看一切的事物，并且以好像在不断地重新述说这些故事的方式生活下去。"讲故事是人类的天然基因，人的世界不是由原子构成的，而是由故事构成的。

可以说，故事创造一种世界观、一种人生价值。

故事传播知识，故事促进思考；

故事引发共鸣，故事打动人心。

听别人的故事，悟自己的人生；

用自己的故事，助力学生成长。

每一个故事都可以成为一本书的"原材料"！

按照职责划分，辅导员要讲好九大职责的育人故事；

按照对象划分，辅导员要讲好所带学生的成长故事；

按照职务划分，辅导员要讲好学生干部的裂变故事；

按照毕业划分，辅导员要讲好毕业生优秀校友故事；

按照性别划分，辅导员要讲好男生女生的青春故事；

按照奖励划分，辅导员要讲好国奖省奖的励志故事。

如果辅导员拥有写书思维，你会静下心来主动倾听学生的故事，因为每一个故事都是你写书出版的源泉！

走进学生，走进故事！

有好故事，才有好书籍！

写书计算器

写100个学生的100个故事，作为辅导员，从带班开始到现在计算一下，你现在已经拥有多少个故事？

每个故事2000字左右，20万字的专著就是这样炼成的！

你可以写《100个班长，100个故事》；

你可以写《100个男生，100个故事》；

你可以写《100个校友，100个故事》；

你可以写《100个省奖生，100个故事》；

你可以写《100个家访，100个故事》；

有学生，有故事，只差你的写书行动了！

金句分享

每一个学生就是一个故事，许多个故事就是一本书籍！

思维拓展

《做最好的家长——李镇西老师教养女儿手记》 作者：李镇西

书　　名：《做最好的家长——李镇西老师教养女儿手记》
作　　者：李镇西
出版时间：2015年10月
出 版 社：漓江出版社
评论次数：1万+
重印次数：5次以上
发行情况：畅销书

1.选题定位

紧扣“家庭教育焦虑”社会议题，针对小学至初中阶段学生家长，聚焦亲子沟通、习惯养成等实操痛点。以“家长成长”替代“单向说教”的传统家教模式，呼应“双减”后家庭教育的角色强化需求，定位兼具科学性与普适性。

2.书名凝练

“最好”二字制造认知冲突，消解完美主义焦虑，暗示动态提升过程。与《做最好的老师》形成系列IP，强化作者专业标签。封面设计采用暖色调家庭剪影，视觉符号与文字形成情感共振。

3.目录设计

前3章破除“家长权威论”“成绩至上论”等认知误区；中间5章按“学习—生活—青春期”场景提供工具包；末章升华“与孩子共同成长”理念。标题善用口语化表达，降低理解门槛。

4.结构逻辑

以“问题树分析法”贯穿每章开篇，呈现家长真实困惑，继而用“心理学原理+教育模型”解析根源，最后以“三步沟通法”等策略收尾。

5.内容特点

独创“家长能量层级”评估体系，将教养方式量化为5个成长阶段。首创“对话实录+批注解读”形式，还原20组典型亲子冲突及解决方案。

6.营销发行

依托作者“全国优秀教师”公信力，通过“新父母课堂”全国巡讲实现精准引流。

第五节　信件育人

定义内涵

辅导员信件育人是辅导员利用书信作为媒介，与学生、学生家长进行深度沟通，以达到教育、培养和引导学生全面发展的目的。这种方式强调情感的真挚流露与思想的深刻交流，是辅导员育人工作的一种创新手段。

具体内容

1.思想教育

辅导员在书信中传递正确的价值观、人生观和世界观，帮助学生树立正确的道德观念和社会责任感。

通过书信中的言辞和故事，激发学生的爱国情怀、集体荣誉感和个人奋斗精神。

2.情感关怀

辅导员在书信中表达对学生的关心、理解和支持，帮助学生缓解学习压力、解决生活困扰。

书信成为辅导员与学生之间情感交流的桥梁，有助于建立深厚的师生情谊。

3.成长引导

辅导员在书信中针对学生的个人特点和发展需求，提供个性化的成长建议和指导。

通过书信中的鼓励和肯定，增强学生的自信心和进取心，激发学生的潜能和创造力。

4.家校沟通

辅导员通过书信与学生家长保持密切联系，共同关注学生的成长和发展。

书信成为家校之间沟通的重要渠道，有助于形成教育合力，共同促进学生的全面发展。

辅导员信件育人是一种深情而有效的育人方式，它强调辅导员与学生、学生家长之间的深度沟通和情感交流，旨在通过书信这一媒介，传递正能量、激发潜能、引导成长，为学生的全面发展提供有力支持。

典型图书

《筑梦人师，青春对话——高校辅导员写给学生的50封信》 作者：杨皓

书　　名：《筑梦人师，青春对话——高校辅导员写给学生的50封信》
作　　者：杨皓
图书类型：信件类
出版时间：2023年04月
出 版 社：东南大学出版社

这是一本信件类著作。这本书正是基于一名辅导员从工作中不断积累和思考的过程，从第1封信到第50封信，每一封信所谈话题紧扣社会需求、学生关心、实际需要，设身处地、娓娓道来，与学生深入交流互动。

每封信都能拉近辅导员与学生的距离，为更好、更扎实地开展大学生思想政治教育工作打下了坚实的基础。与此同时，信中的内容也能让学生寻找到解决大学学习、生活以及身心健康等问题的方法，为大学生更好、更全面地成长成才发挥着积极的作用。

《“曲导”写给学生们的信》 作者：大连海事大学 曲建武

书　　名：《“曲导”写给学生们的信》
作　　者：曲建武
图书类型：信件类
出版时间：2019年03月
出 版 社：大连海事大学出版社

这是一本信件类著作。本书通过336封信折射出了一个年已花甲的老辅导员在学生心灵上耕耘的点点滴滴。

这336封信中，作者有写给党员同学的、有写给新当选的学生干部的、有写给少数民族地区学生的，还有写给家庭生活困难学生的、写给考研学生的，以及写给过生日的学生的，等等。

这些信有的是在夜里写的，有的是在黎明写的，有的是在工作日写的，有的是在假期里写的……

《见字如面——一位大学老师与学生的十年书信往来》 作者：上海交通大学 杨志彪

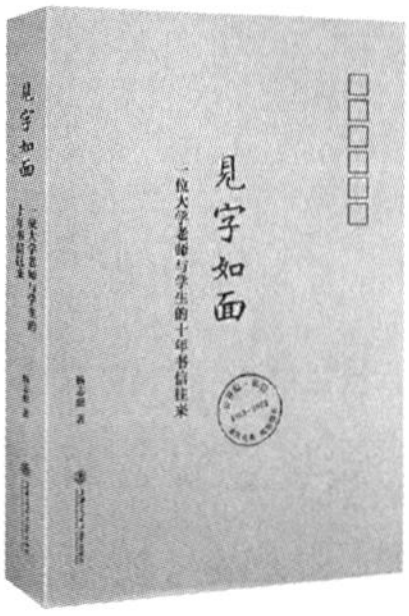

书　　名：《见字如面——一位大学老师与学生的十年书信往来》
作　　者：杨志彪
图书类型：信件类
出版时间：2022年08月
出 版 社：上海交通大学出版社

这是一本书信类著作。该书包含了理想信念、家国情怀、学习生活、情感交友、心理健康、选择坚持、体育美育等多方面内容。

作者在担任班主任期间，每年都会和学生及家长进行书信交流，包括每学期的期末或开学初写给学生及家长的公开信，以及在日常生活中与学生的私信交流。

作者十年来与学生书信交流累计达300多封，共计50余万字。一字一句之间，传递的是情感；一来一往之间，坚定的是理想。

作者以信为媒，用十年时间写出了一本育人情怀著作。

【写作难度】★★★

写书不难，“信”海无涯。

写书直通车

辅导员“信件育人”中的“信”可以是纸质书信、可以是电子微信，还可以是交流短信。

纸短情长，不拘一格。

辅导员在写信时，应采用亲切、真诚的语言，让学生感受到辅导员的关心和支持。

辅导员在写信时，要注意信件的逻辑性和条理性，确保学生能够清晰理解信件的内容。

辅导员在写信时，要适当运用一些生动的例子和故事，增强信件的感染力和说服力。

按照年级划分，辅导员可以给大一学生写信、可以给大二学生写信、可以给大三学生写信，也可以给大四学生写信。

按照对象划分，辅导员可以给学生干部写信、可以给入党积极分子写信，也可以给家访学生写信。

按照时间划分，辅导员可以在每学期初写信，也可以在每学期中或者期末写信。

按照主题划分，辅导员可以在一年内每个主题节日写信。

按照生日划分，辅导员可以在每个学生生日的当天写一封信。

辅导员可以给一个学生写多封信，也可以给多个学生写多封信。

如果辅导员拥有写书思维，那么你的微信、短信不再是你的工作负担和压力，而是你写书出版的积累！

一封信，一段情！

一百封信，一本图书！

写书计算器

作为辅导员，如果你给所带的200名学生每人写一封信，每封信500字左右，则信件字数累计达到10万余字。

如果你坚持给200名学生每个人写一封信，你将可以出版一本信件类专著！

金句分享

以前车马很慢，现在“书信”最快！

思维拓展

《李镇西答新教师101问》 作者：李镇西

书　　名：《李镇西答新教师101问》

作　　者：李镇西

出版时间：2022年05月

出 版 社：长江文艺出版社

评论次数：5.5万+

重印次数：3次以上

发行情况：畅销书

1.选题定位

聚焦新教师职业发展痛点，以“问题解决”为核心，精准定位刚入职教师群体。选题兼具实用性与人文性，强调教育情怀与专业能力的融合。

2.书名凝练

书名采用“问答体+数字量化”模式，直击用户需求的“101问”体现了内容体量与全面性，“答新教师”明确受众身份，简洁有力。书名已具备较强吸睛力与辨识度。

3.目录设计

采用“模块化分类+场景化命题”结构，将“101问”划分为教学技能、班级管理、心理调适等6~8个板块，目录层级清晰。

4.结构逻辑

以“问题导入—案例剖析—方法论提炼”为基本逻辑链，形成“具体问题—抽象理论—实践工具”的闭环结构。板块按教师成长阶段递进排列，实现从“生存”到“发展”的认知升级。

5.内容特点

实践导向，基于真实教育场景提炼问题，提供可复用的操作模板；情感共鸣，穿插一线教师的成长故事，消解理论说教感；交互设计，预留笔记区、自测表等互动模块，增强阅读参与感。

6.营销发售

线上依托教师社群、教育类公众号进行内容连载；线下通过师范院校、教师培训会定向推广。

第六节　问题整理

定义内涵

辅导员学生问题整理是指辅导员在日常工作中，针对学生在学习、生活、心理、职业规划等方面提出的问题进行收集、分类、整理和分析的过程。这一过程旨在更好地了解学生的需求与困惑，为提供有针对性的帮助和指导奠定基础。

具体内容

辅导员要在学生工作中学会发现问题、分析问题、解决问题，为学生成长提供行之有效的方法，成为学生的人生导师和知心朋友，给予学生温暖、治愈、帮助。

1.问题收集

辅导员通过日常交流、主题班会、座谈会、问卷调查等方式，主动收集学生提出的问题和困惑。

辅导员应鼓励学生主动向辅导员反映问题，建立开放、信任的沟通渠道。

2.问题分类

将收集到的问题按照学习、生活、心理、职业规划、成长困惑等大类进行分类。

在每个大类下进一步细分具体的小类，如学习困难、宿舍矛盾、心理压力、就业方向、原生家庭、专业疑惑等。

3.问题整理

对分类后的问题进行整理，去除重复和无效信息，提炼出关键点和核心诉求。

将整理后的问题以表格、报告等形式进行记录，便于后续分析和处理。

4.问题分析

对整理出的问题进行深入分析，找出问题的根源和共性。

结合学生的实际情况和学校的政策资源，思考解决问题的策略和方案。

5.问题反馈

将分析后的问题和解决方案反馈给学生，给予解答，确保问题得到有效处理；本人解决不了的问题要反馈给相关部门。

定期跟踪问题的处理进度和效果，及时调整策略，确保问题得到彻底解决。

典型图书

《大学生成长100问》 作者：井冈山大学 黄志兴 张丹

书　　名：《大学生成长100问》
作　　者：黄志兴　张丹
图书类型：问题类
出版时间：2022年05月
出 版 社：同济大学出版社

这本书是问题类书籍。该书针对即将迈入大学的准大学生，围绕新生如何适应大学生活、大学生活应该如何度过、大学生活如何规划等关键问题，分成了新生必读、大学学习、素质提升、情感态度、生活指导、就业指导等六个板块，囊括了大学生在校期间遇到的典型问题，为同学们答疑解惑。

作者通过深入班级、寝室现场调研，互联网征集等方式收集大学生成长发展中的问题和困惑，有组织地针对各类困惑进行线上线下答疑。他们敞开心扉、昼夜笔耕、倾其所悟，形成《大学生成长100问》这本书。

《高校辅导员工作100问》 作者：井冈山大学 黄志兴 齐勋等

书　　名：《高校辅导员工作100问》
作　　者：黄志兴　齐勋等
图书类型：问题类
出版时间：2023年08月
出 版 社：中国科学技术大学出版社

这是一本问题类书籍。该书通过“问答”形式，以高校辅导员实际工作为基础，梳理并回答了高校辅导员工作中容易遇到的难点、痛点、重点问题。这是一次思想的碰撞，是一次工作成长的展示，是对辅导员发展路径的一次探索与尝试。

高校辅导员的“一问一答”，是问“自己的过往与经历”，是答“曾经的困惑与成长”。

这本书集百家之长，汲取113所高校的经验、213名辅导员的优点，针对每一名辅导员曾经遇到、即将面对、未来可遇的问题进行“问答”。

《解忧树洞——大学生成长发展220问》 作者：福建中医药大学 丁闽江

书　　名：《解忧树洞——大学生成长发展220问》
作　　者：丁闽江
图书类型：问题类
出版时间：2023年03月
出 版 社：中南大学出版社

这是一本问题类专著。该书包含了心理适应、生活规划、安全保障、人际关系调节、成长困惑化解、考研就业帮扶、心理素质提升以及心理疾病康复等多个方面的内容。

作者主动开通“解忧邮箱”，一个人主动回复全校所有学生的问题，从1200个解忧回答中选取了220个典型问题，回答了大学生从入学到毕业可能会遇到的各种困惑及解决方案。

全书采用问答的形式，将作者多年来给大学生的解忧回答整理成书，文字通俗易懂，内容接地气。

【写作难度】★★★

学生会遇到问题，写书解决问题。

写书直通车

作为辅导员，在学生管理过程中每天都会遇到各式各样的问题，有的问题让辅导员紧张，有的问题让辅导员压抑，有的问题让辅导员无奈，有的问题让辅导员成长。

辅导员每天在被动地应付着各种问题。

如果辅导员拥有写书思维，则辅导员由被动应付问题转变为主动寻找问题，你会发现问题不再是“问题”！

学生的每一个问题都是辅导员写书的具体内容。

思想认识发现问题，给引导！

个人成长发现问题，给规划！

日常管理发现问题，给行动！

谈心谈话发现问题，给关心！

生活情感发现问题，给陪伴！

每个学生都是辅导员写书出版的“亲友团”！

把学生问题按照九大职责整理归类，可以出版一本书！

把学生问题按照年级顺序整理归类，可以出版一本书！

把学生问题按照学生角色整理归类，可以出版一本书！

把学生问题按照回答人群整理归类，可以出版一本书！

没有“问题”的辅导员不是真辅导员！

不给“回答”的辅导员不是好辅导员！

写书计算器

作为辅导员，如果你所带的200个学生每人问一个问题，每个问题你给出1000字左右的具体措施和解决方案的回答，200个问题将累计回答20余万字。

如果一年内你回答完学生所有的问题，你将出版一本问题类专著！

金句分享

好问题，真问题，答问题，一问一答即成书！

思维拓展

《做一个老练的新班主任》 作者：熊华生

书　　名：《做一个老练的新班主任》
作　　者：熊华生
出版时间：2021年06月
出 版 社：中国人民大学出版社
评论次数：5万+
重印次数：5次以上
发行情况：爆款书

1.选题定位

本书瞄准班主任专业化成长需求，突破传统“经验汇编”模式，聚焦班主任从“事务型”向“智慧型”转变的核心命题。

2.书名凝练

“老练”二字精准传递成熟、从容的职业状态，暗含“新手—熟手—专家”的成长路径，激发读者身份认同感。

3.目录设计

按班主任工作逻辑链（基础能力—进阶场景—高阶思维）展开分层设计。

4.结构逻辑

以“情境诊断—策略拆解—反思迁移”为框架，形成“认知—实践—迭代”的螺旋上升结构。每章以典型案例切入，通过“思维导图+行动清单”将抽象理论转化为操作指南，末节设置“班主任成长阶梯”，实现章节间能力层级的无缝衔接。

5.内容特点

场景还原，通过50+真实教育冲突案例还原班主任决策情境；策略分层，提供“应急处理—中期调控—长效预防”三级解决方案，适应不同发展阶段需求；工具赋能，配套班级管理量表、家校沟通话术模板等20余种实用工具，提升内容转化效率。

6.营销发售

联合教育局、教师进修学校纳入培训书目，通过定制化导读手册打入校本研修市场。

第七节　原创课程

定义内涵

辅导员原创课程是指辅导员在日常行为管理过程中将教学设计理念融入学生管理过程中，以教育部43号令辅导员九大职责为底层逻辑，设计开发出一门有主题、有目标、有内容、有评价、有反馈的课程，既是学生管理课程化也是主题班会课程化。

具体内容

管理即课程，教育需设计，好课程是设计出来的。课程化是未来辅导员成长的加速器，是辅导员品牌化的助燃剂，是辅导员打破教师壁垒、提升师道尊严的心电图，是辅导员写书出版的“复印件”。

辅导员开发一门原创课程，要做到以下几点：

1.主题设计

辅导员开发一门课程，主题要明确、简洁干练、一目了然，能令人印象深刻。

2.目标设计

辅导员开发一门课程，目标要可视。课程要明确解决什么问题。辅导员要学会撰写知识目标、素质目标、能力目标。

3.大纲设计

辅导员开发一门课程，大纲要清晰。大纲是一门课的骨架结构，没有大纲就没有课程。大纲可以设计为两个级别。

4.结构设计

辅导员开发一门课程，结构要合理。一门课要有导课、正课和结课。应合理安排时间。

5.内容设计

辅导员开发一门课程，内容要丰富。课程内容应清晰，与时俱进，最好有知识、有案例、有活动，有互动。

典型图书

《辅导员打造个人品牌IP实战指南》 作者：刘明耀

书　　名：《辅导员打造个人品牌IP实战指南》
作　　者：刘明耀
图书类型：课程类
出版时间：2022年07月
出 版 社：中国石化出版社
重印次数：5次
销售数量：10000册

这是一本由课程转化而来的专著。这本书围绕教育部43号令辅导员九大职责展开分析，突破认知思维极限，凝练学生工作经验，形成辅导员内生长动力，打造辅导员课程化、品牌化、职业化、专业化、专家化成长之路。

作者开发了“辅导员如何打造个人成长IP”原创课程，线上线下为全国100余所高校进行了分享，每一次课程分享结束后都要进行反思复盘，调整更新内容，不断完善课程。课程越分享，越完善，水到渠成，把讲课的内容变成了一本书。

《元气密码：激发辅导员工作潜能的77个关键词》 作者：遵义医科大学 陈剑

书　　名：《元气密码：激发辅导员工作潜能的77个关键词》
作　　者：陈剑
图书类型：课程类
出版时间：2024年09月
出 版 社：中国石化出版社

这是一本由课程化转化而来的专著。本书通过轻松、诙谐的文字表达方式，将每一个“元气关键词”设计为一门小微课程，为辅导员赋能成长，通过微课给辅导员希望、方法、信心，从而打开“元气之门”。

作者作为一名辅导员，运营“陈姐姐元气微课堂”社群，将自己在学生工作中的所见、所闻、所思、所做提取为77个“元气关键词”。将每一个“元气关键词”录制成5~10分钟的语音微课程，每天在群里与大家进行分享。同时通过视频号定期进行课程直播分享。

作者从开始准备文字稿，到修改录讲稿，完善直播稿，对一个一个关键词，一门一门小微课，进行一遍一遍深打磨，最后变成了专著书稿。

【写作难度】★★★★

世界上本没有课，讲的次数多了就成了课。

写书直通车

有的辅导员一提到课程，就望而生畏，认为自己不会设计课程。

有的辅导员一提到课程，就停滞不前，认为自己不需要讲课程。

有的辅导员一提到课程，就思路不清，认为自己没必要学课程。

辅导员原创课程是辅导员写书出版的“孪生兄弟”。

辅导员如何设计打造一门课程？

辅导员要有课程设计思维；

辅导员设计课程，先从一门5~10分钟的微课开始；

由一门微课演变成一小时的课程；

由一小时的课程发展为三小时的课程；

由三小时的课程扩展为两天的体验式、互动式课程；

辅导员要把学生管理经历变成经验；

辅导员要把学生管理经验变成课程；

通过课程化设计，形成PPT课件；

课程要有主题、有目录、有大纲、有内容；

二级院分享，校内分享，省内高校分享；

线上分享，线下分享，社群分享，直播分享；

越分享，越成长；

越成长，越分享。

书读百遍，其义自见；课讲百遍，书籍立现。

本人写这本《辅导员出版指南：选题、写作、出版、发行全攻略》时，就是开发了“辅导员如何出版一本书”的原创课程，在全国高校进行公益分享，不断迭代。

宇宙的尽头是铁岭，讲课的尽头是写书。

辅导员学会课程设计思维，开发设计、打磨一门微课的过程，会反向激发结构化输出的写书思维，打通课程实践到文字提炼的路径。

写书计算器

辅导员要围绕教育部43号令辅导员九大职责进行原创课程设计，从1月到

12月，你召开多少个主题班会，你就能够设计出多少门原创课程。从带大一到大四学生，你召开多少个主题班会，你就能够设计出多少门原创课程。

一门课，一本书；十门课，十本书！

金句分享

辅导员既要学会“化书成课”，又要学会“化课成书”。

思维拓展

《项目式学习教师手册》 作者：桑国元

书　　名：《项目式学习教师手册》
作　　者：桑国元
出版时间：2023年05月
出 版 社：北京师范大学出版社
评论次数：2000+
重印次数：2次以上
销售数量：畅销书

1.选题定位

紧扣新课改与核心素养培养趋势，瞄准中小学教师实施项目式学习（PBL）的实践困境，聚焦“方法论指导+工具赋能”双维度；满足教师从“理念认知”到“课堂落地”的转化需求，兼具前沿性与实用性。

2.书名凝练

书名突出“手册”功能属性，直指工具书定位，契合教师即查即用的需求。“项目式学习”精准锁定教育热点，便于目标读者快速识别。

3.目录设计

采用“理论—实践—拓展”三阶架构，分设认知基础、设计框架、实施策略、评价工具、跨学科案例五大模块。目录条目以动词引导，强化行动导向，辅以“技术工具箱”“避坑指南”等特色栏目，提升检索效率。

4.结构逻辑

遵循“WHY-HOW-WHAT”逻辑链，形成“目标设定—任务拆解—资源整合—成果输出”的闭环链路。

5.内容特点

工具化思维，提供30多个模板，降低实践门槛；技术融合，整合数字化工具，呼应智慧教育趋势；本土化适配，选取城乡学校差异化案例，破解“舶来品水土不服”难题。

6.营销发行

线上在慕课平台同步开发微课，通过“图书+扫码课程”实现营销。在“得到”“樊登读书”等知识付费平台打造“21天PBL通关计划”，增强用户黏性。

第八节　方法实操

定义内涵

方法实操是指辅导员将工作中的抽象理论、工作经验、个人经历转化为系统化、可复制、场景化的实践指南，核心在于将“理论落地”与“问题解决”有机结合。

具体内容

方法实操其内涵包含三个层次：

方法论体系化。针对具体问题提炼标准化操作框架，而非零散经验。

动作步骤化。将复杂任务拆解为可执行的动作清单，降低认知负荷。

工具场景化。提供适配不同情境的模板、话术、流程图等工具，实现“拿来即用”。

辅导员写书，可以写方法实操的书，具有比较好的市场前景。这类书比较实用，辅导员把自己所做的学生工作写明白，让别人一学就会，上手就能用，能够真正帮助辅导员读者解决实际问题。

当然，不要期望一本书给出所有的解决方法，一本书也不能帮助读者解决所有问题。一个灵感迸发、一个思路出现、一个问题解决、一个恍然大悟、一个注意要点、一个启发观点，这都属于方法实操类图书的认知增量。

方法实操类图书不同于软文诗意情怀，不同于网文荡气回肠，不同于故事扣人心弦，不同于案例格式固定。它要求既要在深度上强于读者又要在内容上贴近读者，既能对读者有启发又要便于读者理解。

典型图书

《高校辅导员的七项修炼》 作者：徐川等

书　　名：《高校辅导员的七项修炼》
作　　者：徐川等
出 版 社：人民出版社
出版时间：2022年
图书类型：方法实操

这本书属于方法实操类图书，由徐川等9位辅导员大咖共同撰写。他们以自己的亲身体验为基础，理论与实践相结合，语言通俗生动，使用大量案例，力求做到可读性、实践性和深刻性相统一。

全书共分为谈话修炼、管理修炼、表达修炼、科研修炼、理论修炼、网络修炼、规划修炼等七部分，每种修炼都有明确的目标和方法，既全面又有侧重点，论述深入透彻。

这本书大量的真实案例来自作者的亲身经历和实践研究，生动形象地展示了辅导员工作的场景和问题解决过程，增强了内容的可读性和实用性。

《辅导员团体辅导工作技能》 作者：樊富珉等

书　　名：《辅导员团体辅导工作技能》
作　　者：樊富珉等
出版时间：2021年
出 版 社：高等教育出版社
图书类型：方法实操

这本书属于方法实操类书籍。全书共分三篇。

上篇介绍团体辅导的基本理论知识，使辅导员了解团体辅导的特点、功能和有效性因素，明确团体带领者的角色责任和培养方法，掌握团体辅导的常用带领技术，学到团体辅导方案的设计思路。

中篇聚焦大学生团体辅导的常见主题及相关练习，帮助辅导员贴近学生心理需要和发展特点，设计出受学生欢迎的团体辅导方案，知道对应不同发展主题可以使用哪些经典的结构式练习。

下篇详细介绍了适合辅导员带领的十个单次团体辅导的成熟方案及操作过程，并在实践过程中证明对促进大学生心理健康和成长有积极作用的团体辅导，能提升辅导员的工作效能。

【写作难度】★★★★★

授人以鱼不如授人以渔，鱼不难，渔最难！

写书直通车

辅导员写方法实操类图书，应该有案例、有模板、有方法、有步骤、有场景、有表格、有互动，应具有实用性和可操作性。

方法实操类图书要解决辅导员在实际工作中遇到的痛点和问题，或者提供更高效的工作或创新方法。

例如，辅导员如何处理学生心理问题、职业指导、生涯规划、突发事件等，提供可复制、可借鉴的思路和解决方案。

撰写方法实操类图书有以下几种思路。

1.场景驱动解决方案

典型工作场景覆盖。聚焦学生工作中高频、高难度问题。例如，心理危机干预、就业指导、宿舍矛盾调解等，而非泛泛而谈。

情境切片。针对同一问题的不同变体设计应对策略。例如学生因失恋抑郁vs学业压力抑郁的差异化干预步骤。

2.标准化操作流程

流程可视化。用流程图、时间轴明确关键节点。例如校园危机事件处理的“黄金4小时”流程。

步骤拆解。将抽象任务转化为具体动作。例如职业规划指导的“五步法”：测评—兴趣挖掘—行业分析—目标拆解—反馈迭代。

3.规范化工具模板

沟通类。谈心谈话脚本、“非暴力沟通”话术模板、家长沟通模板、特殊群体学生排查模板、知情同意书模板等。

管理类。班级事务分工表、班会设计思维导图。

评估类。心理健康风险自评量表、学业预警雷达图。

4.理论工具轻量化改造

学术理论降维。将复杂理论简化为辅导员可操作的模型。

例如，将“认知行为疗法（CBT）”简化为“情绪记录表—认知重构三问”；将“建构主义理论”转化为“学生自主管理任务设计框架”。

金句分享

不要理论灌输，不要纸上谈兵，理论千遍不如实操一遍，辅导员书籍一定是从学生中来，到学生中去。

思维拓展

《一线教师如何建设新文科》 作者：田洪鋆

书　　名：《一线教师如何建设新文科》
作　　者：田洪鋆
出版时间：2024年12月
出 版 社：清华大学出版社
评论次数：8000+
重印次数：3次
发行情况：畅销书

1.选题定位

本书聚焦新文科改革背景下高校教师的实践困境与突破路径。作者田洪鋆立足教师视角，以“方法论+工具化”为核心，旨在为基层教育工作者提供可落地的学科建设方案。

2.书名凝练

“一线教师”明确受众群体，“建设新文科”紧扣政策导向与学科前沿，兼具学术性与实操性暗示。

3.目录设计

体现系统性思维，分设“认知重构—课程创新—学科融合—评价变革”四大模块，逻辑递进清晰。章节标题多采用问句形式，提高问题导向性，呼应教师日常教研场景。

4.结构逻辑

采用“理论认知—实践路径—案例剖析”三维架构，先解构新文科内涵与政策要求，再通过教学设计、跨学科融合等具体策略展开，最终辅以校本化案例增强说服力，形成从理念到行动的完整闭环。

5.内容特点

突出“三实”：实践性、实证性、实效性。语言风格兼顾学术严谨与通俗易懂，善用比喻降低理论门槛。

6.营销发行

线上开展直播课，打造“新文科教师成长营”知识付费产品；线下嵌入高校教师培训体系，与教育部新文科项目形成联动。

第三章

踏上出版之路：进入出版流程

第一节　选题定位

定义内涵

选题定位是指确定一本书所要探讨的主题或内容范围。它是该书创作的起点，决定了该书的核心价值和市场定位。

具体内容

一个好的选题能够吸引目标读者群体，激发他们的阅读兴趣，满足他们的阅读需求。

一个好的选题能够在物质上给予帮扶，在精神上给予治愈，在方法上给予借鉴。

在众多选题中，一个好的选题能够瞬间吸引编辑的目光。所以选题定位要新颖，要从不同角度去定位选题，你的选题要确定和哪些人相关，要解决哪些人痛点，要符合市场趋势。

写书要聚焦，要清晰地知道，你在为哪一类目标用户写这本书，因为你的书，不仅是给自己看，更重要的是给读者看。只有符合读者的需求，他们才会购买并推荐你的书，你的书才会有更好的销量、更大的影响力。所以策划一本书时，要了解市场，找准目标用户，这样你写出来的书才更具有价值。

辅导员写书要针对自身特点和未来发展方向找到一个引爆点，构建自己的知识体系，找到符合市场发展趋势和需求的选题有针对性地写作，而不是闭门造车，也不是碎片化知识的堆砌。

有位作家曾说过，写书是把网状的思想，用树状的结构进行线状的表达。如果你能围绕某一个主题开始写一本书，那么需要你在这个领域一定要有系统、专业、综合的思考。

写书可以倒逼你思考，思考可以促进你更好地写书。

在写书之前，不要盲目动笔，要多向写过书的人请教探讨，听取他们的建议，也可以向专业人士咨询，还可以去当当网、京东网做一下市场调研，了解当前辅导员书籍市场的需求和趋势。看看哪类书籍最受辅导员欢迎，哪类书籍评价最多，找到目标读者的兴趣点。

当你真正了解自己为什么写书出书，要写一本什么样的书时，读者从这本书中能够收获什么再动笔书写，写出来的书才有可能获得更好的市场反馈。

适合辅导员写书出版的选题，笔者根据以往写书、买书经验，总结为以下四种类型：

1.理论型选题

理论型选题图书主要是由思想政治教育领域的专家、教授等撰写的书籍。这些专业人士学术造诣深厚，经验丰富。理论型选题的理论性极强，围绕思政学科核心内容展开，体系严谨。它具有重要学术价值，既能支撑学科理论发展，又能指导教育实际工作。

典型图书

《新时代高校辅导员工作十讲》 作者：冯刚

书　　名：《新时代高校辅导员工作十讲》
作　　者：冯刚
选题类型：理论型
出版时间：2022年08月
出 版 社：北京师范大学大学出版社

《高校思想政治教育工作质量评价研究》 作者：冯刚

书　　名：《高校思想政治教育工作质量评价研究》
作　　者：冯刚
选题类型：理论型
出版时间：2021年01月
出 版 社：人民出版社

《新时代高校辅导员绩效考核研究》 作者：苟晓丽

书　　名：《新时代高校辅导员绩效考核研究》
作　　者：苟晓丽
选题类型：理论型
出版时间：2023年12月
出 版 社：知识产权出版社

2. 方法论型选题

方法论型选题图书通常是由一线的辅导员撰写出版的书籍。该类图书的内容往往通俗易懂，能够让广大读者轻松理解。书中所介绍的方法落地实操性强，不是空洞的理论说教，能够直接应用到具体的工作和生活中。整体风格十分接地气，为读者提供切实可行的指导和帮助。

典型图书

《学工宝典：一名老辅导员的“实话实说”》 作者：聊城大学 杨庆实

书　　名：《学工宝典：一名老辅导员的“实话实说”》
作　　者：杨庆实
选题类型：方法论型
出版时间：2023年09月
出 版 社：中国石化出版社
重印次数：3次

《“知道”到“做到”：高校思政骨干讲案例》 作者：陕西科技大学 李萌

书　　名：《“知道”到“做到”：高校思政骨干讲案例》
作　　者：李萌
选题类型：方法论型
出版时间：2023年08月
出 版 社：天津人民出版社
重印次数：3次以上

《辅导员谈心谈话六讲》 作者：山东大学 范蕊

书　　名：《辅导员谈心谈话六讲》
作　　者：范蕊
选题类型：方法论型
出版时间：2022年06月
出 版 社：中国大百科全书出版社
重印次数：2次以上

3.手册型选题

手册型选题图书是指专注于编纂某一特定领域或主题的手册类书籍。这类选题旨在为读者提供详尽、系统、实用的指南或参考。手册型选题强调实用性、可操作性。

典型图书

《种子花开：雷锋式大学生成长手册》 作者：辽宁石油化工大学 孔祥慧

书　　名：《种子花开：雷锋式大学生成长手册》
作　　者：孔祥慧
选题类型：手册型
出版时间：2022年02月
出 版 社：中国石化出版社
重印次数：2次

《系好人生第一粒扣子：大学生成长修炼手册》 作者：辽宁生态工程职业学院 刘明耀等

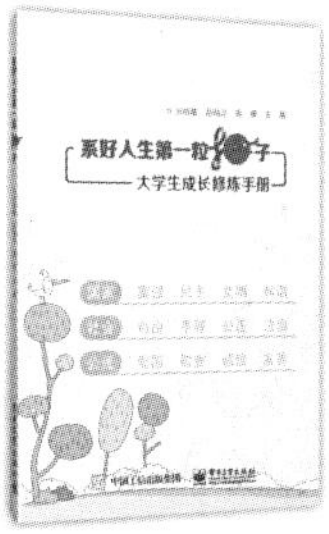

书　　名：《系好人生第一粒扣子：大学生成长修炼手册》
作　　者：刘明耀等
选题类型：手册型
出版时间：2017年09月
出 版 社：电子工业出版社

《新时代高校辅导员工作室建设指导手册》 作者：云南大学 朱丹等

书　　名：《新时代高校辅导员工作室建设指导手册》
作　　者：朱丹等
选题类型：手册型
出版时间：2019年12月
出 版 社：云南大学出版社

4.汇总型选题

汇总型选题是指不是作者本人撰写，而是将文件、材料、观点和数据进行系统性整理、归纳和汇总，以此为基础形成的书籍选题。这类选题通常旨在为读者提供一个全面、综合且易于理解的该领域或主题的概览。

典型图书

《高校学生工作指导文件汇编》 作者：遵义医科大学 陈剑

书　　名：《高校学生指导文件汇编》
作　　者：陈剑
选题类型：汇总型
出版时间：2024年12月
出 版 社：中国石化出版社

辅导员选题设计要做到以下几点：

一是目标受众要明确。作为辅导员，你的选题目标受众群体是哪些人？是辅导员还是大学生？是特殊群体学生还是学生干部？要写给谁看？

二是读者思维要清晰。作为辅导员，你的选题内容要具有读者思维。要从读者视角去思考选题，设计选题，去帮助读者解决问题。

三是心流状态要达到。作为辅导员，你的选题确定后，书中语言要通俗易读，没有阅读负担，让读者阅读时感觉到轻松愉快。

四是解决痛点要凸显。作为辅导员，所有的选题都是以解决痛点为核心，要给读者落地方法，让读者有收获、有思考、有成长。

【互动】下列图书能够为你的选题设计提供哪些思考？

（图片来源于高校辅导员网络学院）

从上述图书中可以看出市场发行较好的辅导员类图书选题包括辅导员能力提升、辅导员科研、辅导员成长案例、辅导员工作室建设、辅导员谈心谈话、辅导员团体辅导、辅导员心理咨询、辅导员生涯规划、辅导员品牌塑造等。

出版直通车

图书选题决定了图书的市场定位，影响图书的销售和市场竞争力。出版社对一本新书稿进行市场评估时，先看选题，如果编辑觉得你的选题没有市场，没有读者，没有销量，可能会让你交费出版甚至直接拒稿。

虽然你的选题可能是你的专业，也可能是你的兴趣爱好，但你依然要在写书前对这个领域不断地学习、研究、实践、积累、凝练。书中你的见解不一定是顶级专家、教授的水平，但只要能帮助到普通小白，就会有读者市场。

例如，作为一线辅导员，虽然我们不是教授、大咖，专家，但是如果我们把日常工作中的经验提炼成一本书，让读者能从书里学到一些干货，获得一些力量，找到一些日常工作的方法，那这本书就是有意义的。

辅导员选题设计应该结合自己的优势和日常积累，找到跟市场需求匹配的选题方向。去写自己能够把控好，接地气，能把自己实打实的经验分享给读者的选题。否则，你花了很多时间和精力写完10多万字的书稿，编辑说，这个选题没有市场，没有销量，就悲催了。

辅导员要在自己学生工作的细分领域积累沉淀，不断学习，快速汲取新知识，打通学生工作垂直细分领域。没有必要去跨越其他赛道写自己不熟悉、不擅长、没经历领域的书籍。

例如，辅导员去写一本关于课程思政或教学方法选题方面的书，则很难获得辅导员群体市场的认同。

作为辅导员，不要试图在一本书中装入你的毕生所学，试图通过一本书解决所有问题。一把钥匙开一把锁，一本书能够解决读者的某一个问题，和读者产生共鸣共情，就已经实现了它的价值。

辅导员选题设计时尽量避免以下五个方向：

一是涉及意识形态的选题不写；

二是涉及民族宗教的选题不写；

三是涉及方针政策的选题不写；

四是涉及理论思想的选题不写；

五是涉及国家安全的选题不写。

辅导员出版一本书，其实就是一个回归自我的过程，回归到自己的专业，回归到自己的职业，回归到自己的热爱，回归到自己最想解决的问题。这才是选题设计的核心。

辅导员写的不仅是书，更是学生成长。

辅导员写的不仅是书，更是努力付出。

辅导员写的不仅是书，更是育人情怀。

辅导员写的不仅是书，更是立德树人。

金句分享

选题不对，努力白费。实践方法，价值最贵。

思维拓展

《美育教师手册：理论、方法与实践》 作者：李睦、沈晖

书　　名：《美育教师手册：理论、方法与实践》
作　　者：李睦、沈晖
出版时间：2023年03月
出 版 社：清华大学出版社
评论次数：2000+
重印次数：2次以上
销售数量：畅销书

1.选题定位

本书紧扣国家美育改革政策导向，目标读者明确指向中小学及高校美育教师，兼顾师范生群体，聚焦“如何落地美育”的核心痛点，兼具政策响应性与市场需求性。

2.书名凝练

采用“领域+身份+工具”的命名逻辑，直击用户需求。“手册”二字凸显实用工具属性，精准传递“即查即用”的功能定位。

3.目录设计

采用“理论—方法—场景”三维架构，设置美育内涵、课程设计、跨学科融合等九大板块。

4.结构逻辑

遵循“认知重构—方法论—实践转化”的递进式逻辑，每章设置教学目标、案例研析、行动清单，形成闭环体系。

5.内容特点

实践性强，200+教学案例覆盖城乡多场景；方法论创新，提出“五感唤醒教学法”等原创模型；政策融合度高：有机嵌入新课标要求与课程思政元素。

6.营销发行

联合教研机构开展师训配套用书推广，参与美育器材展会展销，开展校园读书会共读计划。

第二节　书名凝练

定义内涵

书名凝练是指作者对一本新书的书名以简洁、精准且富有表现力的语言，高度概括书籍的核心内容、主题思想或主要特色等，以达到用最少的文字传递最关键的信息，吸引读者的注意力，激发读者的购买欲。

具体内容

一本书的真正诞生，是从拥有一个好书名开始的，精准抵达，直击人心。

书名是一本书最重要、最持久的营销文案。好的书名不仅能够概括这本书的精髓和诉求，还能第一时间抓人眼球，吸引读者的关注。

书名凝练要体现出以下三个特点。

简洁性。用最少的字词表达核心要义，避免冗长复杂的表述。一般情况下书名最长不超过12个字，最短可为一个字。

如莫言的《蛙》，仅一个字便简洁地指向了书中与生育等主题紧密相关的关键意象。

准确性。精准传达书籍的核心内容或主题，让读者能从书名大致了解本书的方向。如《红楼梦》，“红楼”象征书中众多女子生活的富贵温柔之乡，“梦”则暗示了书中人物命运如梦般虚幻、无常，准确地反映出作品的主要内容和悲剧基调。

表现力。富有感染力和吸引力，运用巧妙的修辞、独特的意象或新颖的表达，激发读者阅读兴趣。如《百年孤独》，“百年”凸显时间跨度，“孤独”奠定情感基调，营造出神秘而深邃的氛围，引发读者对书中故事和主题的好奇。

书名是一本书最重要的营销工具之一。书名不仅是对内容的高度概括，更要突出卖点。

当书的热度和宣传期已过，海报、书评、书讯、采访、报道等宣传方式都已经结束，但书名却一直存在，而且是永久性存在。只要这本书还在销售或是在图书馆里，书名都一直在发挥作用。有时候我们痛恨标题党，但有时候又需要标题党。好的书名直接深入读者内心，直击痛点。

一个好的书名也往往成为读者购买本书最重要的理由，特别是当作者不足够有名气时更需要设计一个好书名。

典型图书

《学工宝典：一名老辅导员的“实话实说”》 作者：杨庆实

书　　名：《学工宝典：一名老辅导员的“实话实说”》
作　　者：杨庆实
出版时间：2023年09月
出 版 社：中国石化出版社
重印次数：3次

作者如何设计《学工宝典：一名老辅导员的“实话实说”》的书名？

从搜索看：含有辅导员关键词，读者第一时间在全网能搜索到；

从对象看：涵盖了新辅导员和老辅导员，受众群体大；

从功能看：“学工宝典”，给人第一印象属于方法论书籍；

从内涵看：“实话实说”中的实字和作者的名字产生了关联，有寓意，大家也想看看“实话”内容，学到方法，激发读者购买欲。

《手把手教你打造名师工作室》 作者：刘明耀

书　　名：《手把手教你打造名师工作室》
作　　者：刘明耀
出版时间：2024年10月
出 版 社：中国石化出版社
重印次数：2次

作者如何设计《手把手教你打造名师工作室》的书名?

给出方法。作者通过“手把手教你”这个词的精准概括，体现出本书属于方法论书籍，手把手一步一步教你打造名师工作室。

扩大范围。作者通过“名师”这个词直接确定了读者范围，名师涵盖高校、大中小学各类名师，使不同类型的名师都感觉这本书很适合自己。

定位内容。作者通过“打造工作室”定位了该书内容。动词“打造”包含了工作室申报、立项、建设、结项等内容，让申报群体、立项群体、建设群体、结项群体都感觉这本书很适合自己。

【互动】下列四本书书名有哪些相同点?

以上四本书都属于在全网销售居前列的学工类图书，对比一下，提炼出以上四本书书名的关键词：**怎么办、实战指南、100条建议、七项修炼。**

通常来说，好书名应该符合以下四个标准。

吸引眼球。读者看到这个书名，会感觉眼前一亮，觉得这本书新鲜、有趣，产生迫切了解内容的欲望。

精准抵达。书名能直接表达这本书是什么类型，适合哪些人阅读。读者看到这个书名，就知道自己是不是需要购买这本书。

说服购买。书名直接体现出足够的购买理由。让读者一看就明白这本书“对我有什么用”。

容易传播。好的书名仿佛自己长着翅膀，自具传播力，让读者能很容易分享给其他人，便于广泛传播。

出版直通车

好书名是设计出来的。一本书的书名至关重要。书名设计中要包含以下三有。

有对象。书名要包含读者对象，让大家知道这本书适合谁读，谁是这本书的精准读者。

例如，我是一名辅导员，当看到书名中有“辅导员”关键词，知道这本书适合自己阅读，从而下单购买。

有方法。书名应含有方法元素，让读者一眼扫过书名，便能发现能够帮助解决在学生管理工作中遇到的某个痛点或难题。

例如，我是一名辅导员，想购买一本提升学生管理能力的方法论的辅导员书籍，突然看到了“实战指南”“怎么办”“手把手”“好建议”“修炼”，就可能因此下单购买。

有内容。书名要含有内容关键词，使读者知道这本书的核心内容是什么。

例如，我是一名工作10年的辅导员，想打造个人品牌，需要一些方法指导，通过搜索找到了**《辅导员打造个人品牌IP实战指南》**这本书，符合我的期待，所以毫不犹豫下单购买。

例如，我是一名工作5年的辅导员，我想提升**谈心谈话**能力，通过搜索找到了**《辅导员谈心谈话六讲》**，正中下怀，所以毫不犹豫下单购买。

例如，我是一名工作2年的辅导员，我想提升**个人综合素质能力**，通过搜索找到了**《高校辅导员的七项修炼》**，我想知道从哪七个方面进行努力修炼，所以毫不犹豫下单购买。

“个人品牌”“谈心谈话”“能力修炼”“危机管理”“科研提升”“辅导员大赛”等，每一个书名的关键词都代表了一条赛道、一个领域。

作为辅导员，如果你想在某个赛道或某个领域内进一步提升，首先就是搜索这个赛道或这个领域的关键词。关键词搜到，这本书也就呈现在了你的眼前。

有时候我们不认识作者，不了解图书内容，不知道是否畅销，但第一眼看到书名，一见钟情，两情相悦，符合需求，立即下单。

一本书如果有好的内容但没有好的书名，在浩瀚的书海中也会被埋没。

对于书名，作者需要认真思考，有时需设计几个甚至几十个，可以与图书编辑一起比较推敲，反复打磨，凝练出最佳的书名。

金句分享

图书出版的每个细节都是营销。好的书名设计已经完成了销售的第一步。

思维拓展

《1000个铁粉》　作者：伍越歌

书　　名：《1000个铁粉》
作　　者：伍越歌
出版时间：2022年03月
出 版 社：人民邮电出版社
评论次数：2万+
重印次数：3次以上
销售数量：爆款书

1.选题定位

作者精准锁定新媒体从业者及中小创业者核心需求，提出“千粉商业闭环”概念，将凯文·凯利的粉丝理论进行本土化重构，形成差异化竞争优势。

2.书名凝练

“1000个铁粉”以具体数值构建记忆锚点，呼应经典理论的同时降低认知门槛，形成理论高度与落地实操的双重暗示。

3.目录设计：构建认知跃迁阶梯

四维突破模型贯穿全书目录：从“被看见”的流量获取，到“被认可”的价值传递，进阶至“被记住”的IP塑造，最终实现“被追随”的商业转化，形成螺旋上升的认知体系。

4.结构逻辑

采用“底层逻辑—实战工具—避坑指南—变现路径”的递进结构，每个理论模块配以小红书/视频号等平台真实案例，实现从认知刷新到行动转化的闭环。

5.内容特点

独创“4°铁粉模型”，量化粉丝价值，创新提出“信任储值”概念，将内容创作、用户运营、产品设计等环节纳入系统框架，突破传统运营类书籍的单一维度视角。

6.营销发售

通过“知识星球内容众创+视频号直播解读+学员案例反哺”的三维联动，引导用户进入高价训练营，形成商业闭环。

第三节　目录升华

定义内涵

目录是书籍正文前所载的目次，是揭示和报道图书内容的工具。

目录位于序之后、正文之前，是用来帮助读者初步了解和检索一本书的内容。

具体内容

通常写一本书，应该先有目录，然后根据目录进行写作。当然在写作过程中也可以对目录进行相应的调整。这就像我们去旅游之前，要确定线路和攻略，让我们在路上有条不紊。

写书是一项大工程，短则需要半年，长则需要两三年，所以更加需要提前规划，目录设计就是一个最基本的规划。

如果你没有头绪，可以参考一下已经出版的同类书，看看其他作者是怎样进行目录设计的。如果你找到了这本书的对标目录，那就有了对标，有了参考标准，这会助力你把目录升华得更精彩。本人在写书时，也会去找爆款书籍的对标目录进行参考，快速把自己要出版图书的第一版本目录写出来。然后不断地去打磨精进，通常需要3~6次，直到满意为止。

做很多事情都是如此，先完成1.0版本，再完善，升级你的版本，最后达到完美，达到你的标准。

记住，找到对标的爆款书籍目录要深入分析研究。

目录其实是一本书的框架。万丈高楼平地起。软文、网文、案例、信件、问题、课程是“地基”，书名是“大门”，目录是框架。

对于一本书来说，目录的重要性极高，读者看了你的书名，会激发他想购买的欲望，但是只有看了目录，才有可能决定是否真正要购买这本书。

每一本书的目录都要能够引起读者的好奇心，激发读者打开阅读的冲动。

一本好书，翻开目录就会让你怦然心动。

本人在出版《新时代校园危机管理指导与实践》《辅导员打造个人品牌IP实战指南》《手把手教你打造名师工作室》这三本书时，都是花了很长时间思考目录，设计目录，凝练目录，升华目录。

典型图书

《新时代校园学生危机管理指导与实践》 作者：刘明耀

书　　名：《新时代校园学生危机管理指导与实践》
作　　者： 刘明耀
出版时间： 2021年11月
出 版 社： 辽宁大学出版社
重印次数： 2次
销售数量： 10000册

我是如何设计《新时代校园学生危机管理指导与实践》的目录？

第一章　校园学生危机管理概述
第二章　入学期校园学生危机管理应对
第三章　管理期校园学生危机管理应对
第四章　实习期校园学生危机管理应对
第五章　毕业期校园学生危机管理应对
第六章　校园学生危机管理应急预案
第七章　校园学生危机管理实施方案
第八章　校园学生危机管理实践模板

整体设计： 本书一共分为八章。第一章为校园学生危机管理整体概述，包含了定义、类型、责任划分；第二章至第八章为方法论内容，包含了案例、方案、预案、模板。

目录框架： 第二章至第五章按照学生入学、管理、实习、毕业四个时期进行凝练，把从入学到毕业所有发生的校园危机事件分类到四个时期中去，每一个时期作为单独一章；第六章至第八章按照模块进行凝练，包括方案、预案、模板，每一个模块为单独一章。

作为辅导员，你想了解一下入学期有哪些校园危机事件要注意，看完目录后，你是不是想要下单购买？

作为辅导员，你想了解一下管理期有哪些校园危机事件要避免，看完目录后，你是不是想要下单购买？

作为辅导员，你想了解一下实习期有哪些校园危机事件要预防，看完目录后，你是不是想要下单购买？

作为辅导员，你想撰写学生活动实施方案和预案，看完目录后，你是不是想要下单购买？

作为辅导员，你不会撰写学生违纪处分决定书，看完目录后，你是不是想要下单购买？

目录，总有一款适合你！

《手把手教你打造名师工作室》 作者：刘明耀

书　　名：《手把手教你打造名师工作室》
作　　者：刘明耀
出版时间：2024年10月
出 版 社：中国石化出版社
重印次数：2次
销售数量：5000册

我是如何设计《手把手教你打造名师工作室》的目录？

第一章　人在囧途——名师工作室建设问题困境
　第一节　名师工作室申报注意三个问题
　第二节　名师工作室立项面临两个窘境
　第三节　名师工作室建设存在四种现象
第二章　路在脚下——名师工作室建设注意要点
　第一节　名称确定——实名还是艺名
　第二节　研究方向——“普遍撒网”还是“集中兵力”
　第三节　建设内容——“游击战法”还是“围城战略”
　第四节　角色定位——“领头羊”还是“牧羊犬”
　第五节　成员选拔——清一色还是老中青
　第六节　外聘专家——搞仪式还是选资源
　第七节　组织架构——垂直形还是金字塔形
第三章　对标对表——名师工作室建设机制考核
　第一节　名师工作室总体要求
　第二节　名师工作室成员组成
　第三节　名师工作室建设实践
　第四节　名师工作室建设成效
　第五节　名师工作室工作保障
第四章　内核动力——名师工作室建设任务驱动
　第一节　名师工作室建设方案设计
　第二节　名师工作室建设经费设计
　第三节　名师工作室房间布置设计
　第四节　名师工作室内涵文化设计
　第五节　名师工作室成长档案设计
　第六节　名师工作室制度机制设计
　第七节　名师工作室成长内驱力设计
　第八节　名师工作室宣传平台载体设计
　第九节　名师工作室项目载体设计
　第十节　名师工作室落地成果设计

整体设计：这本书按照工作室在实际中遇到哪些问题，如何进行解决，按照什么标准，如何开展内涵建设的问题线进行整体设计。从“存在问题—应对策略—考核标准—任务驱动—他山之石”的结构顺序进行目录设计。

目录框架：

第一章“人在囧途”提出问题，每一节所列出的问题和读者产生问题共鸣。

读完第一章目录，读者共鸣共情！

第二章“路在脚下”给出措施，每一节所列出的注意要点帮助读者解决痛点。

读完第二章目录，直击读者内心！

第三章“对标对表”执行标准，每一节所列出的国家标准告诉读者考核机制。

读完第三章目录，读者恍然大悟！

第四章“内核动力”任务驱动，每一节所列出的具体任务指导读者内涵建设。

读完第四章目录，读者信心大增！

目录，总有一章适合你！

目录，总有一节适合你！

好目录，好购买！

出版直通车

书籍通常会采用章节形式，通过目录明确展示各章节的标题，次序以及核心内容概述。一级目录是章，二级目录是节，三级目录是每节里的核心标题。大部分书籍目录写到二级，也就是有章有节。也有一部分书籍目录精确到三级，即列出每节里的核心标题。

辅导员对书籍目录凝练升华，设计目录章节要遵循以下三个原则。

一是整体目录要有逻辑。章与章之间要有逻辑结构，章与节之间要有逻辑结构，每章与每节之间要有隶属关系。

二是章章之间尽量对偶押韵。整个目录中章与章之间的语言要对偶押韵，要有承上启下、层层递进关系。

三是节节体现方法实操。每节的题目设计要体现方法实操，可用读者面临的痛点问题做标题。

书籍目录一定要场景化、痛点化，符合读者的习惯思维。

常用公式：痛点+方法+效果。

金句分享

出版的每个细节都是营销。看书名，决定你进门；看目录，决定你购买！

思维拓展

《从0到1打造个人品牌》 作者：王一九

书　　名：《从0到1打造个人品牌》
作　　者：王一九
出版时间：2020年06月
出 版 社：电子工业出版社
评论次数：2万+
重印次数：4次以上
发行情况：爆款书

1.选题定位

聚焦数字经济时代个人IP变现刚需，锁定自由职业者、知识博主及中小企业主群体，提出“个人品牌是新时代生产资料”的核心观点。

2.书名凝练

标题嫁接彼得·蒂尔《从0到1》的认知势能，降低用户理解成本，形成“方法论+结果导向”的双重吸引力。

3.目录设计

以“定位—创造—传播—变现”四阶模型搭建内容骨架，底层植入“三位一体定位法”，顶层延伸至私域裂变策略，形成从个人认知升级到商业价值放大的完整链条。

4.结构逻辑

采用“概念卡+工具卡+案例卡”三维结构，每个章节设置知识图谱导览、5W2H自检清单、行动锦囊三种学习触点，通过42个决策树模型将抽象理论转化为可执行的决策路径。

5.内容特点

独创“知识IPO”模型（输入—加工—输出—变现），打通知识管理闭环。重点植入短视频人设定位矩阵、朋友圈内容引擎模板等23个实操工具，强化迁移应用性。

6.营销发售

通过“朋友圈剧透+千场直播连麦+企业内训捆绑”组合拳激活存量粉丝，实现从49元图书到29800元定制服务的漏斗转化。

第四节　结构设计

定义内涵

结构设计是指作者在创作书籍时对书的整体框架、内容组织以及各部分之间的逻辑关系进行的规划和安排，以保证书籍能够条理清晰，逻辑正确，便于读者理解和接受。

具体内容

多数人写书的初心不外乎这四种情况：

想把自己过往输出的经验总结成一本书；

想把自己研发的课程内容沉淀成一本书；

想把自己学习的心得体会整合成一本书；

想把自己个人的成长经历梳理成一本书。

这些只是你的想法，不是你的书籍。

本书第二章所提到的“软文输出”“网文写作”“案例积累”“学生故事”“信件育人”“问题整理”“原创课程”等，都不能称为书籍。

这些只是你的书稿，不是你的书籍。

把想法变成书稿，需要的是日积月累；

把书稿变成书籍，需要的是结构设计。

书稿只是“毛坯房”，需要你通过结构设计进行“精装修”。

写书和你写公众号不一样；

写书和你写网文不一样；

写书和你研讨会发言不一样；

写书和你座谈会讲话不一样；

写书和你做讲座报告不一样。

一本书绝不是多篇文章或文字简单汇总或简单堆积。一本书一定要有自己的内在逻辑结构。

如果是作者的原创内容，则需要重新整理，使之逻辑化、结构化。

如果是作者的借鉴内容，则需要消化吸收，使之创新化、结构化。

在写一本书的时候，要思考解决什么问题，然后根据这个问题设计链条，把链条按照逻辑结构进行重组。对于符合逻辑结构的材料就可以整合进来，不符合逻辑结构的材料就要果断删除。所有的材料都要服务于整体框架和逻辑结构。

先解构，再建构，最后形成结构。

作者可以先撰写并确定样章。样章确定下来后，逻辑结构也就确定，样章有逻辑、有结构、有话术、有步骤，最后按照样章去写全书。

确定样章就是先装修一个“样板间”，然后所有房间都按照“样板间”进行装修设计。

典型图书

1. 案例类结构设计

《高校辅导员育人工作典型案例集》 作者：陈义红

这本书的结构设计为“案例背景+案例概要+案例分析+解决方案及成效+思考与拓展+探索与实践”的逻辑结构。这本书围绕创新创业、党员教育、学生资助、协同育人、班级建设、科研影响、网络思政、专业认同等九个方面，结合典型育人案例全景展示了新时代下辅导员工作面临新形势、新举措、新经验。

这本书共计九个案例，形成了九章，每一章按照固定的逻辑结构撰写内容。

九个典型案例出版了一本书。

2. 故事类结构设计

《100个大学生的青春梦》 作者：庄经纬

目录

这本书的结构设计为“学生故事+梦想感言+老师点评”逻辑结构。通过这种互动方式，鼓励大学生做到爱国、励志、求真、力行，引导大学生要把个人梦想的实现与中国梦的实现联系起来，为实现中国梦而奋斗。

这本书分为爱国、励志、求真、力行四个篇章，每个篇章由10个典型学生故事构成。每个故事叙述后撰写梦想感言，同时辅导员给予心语点评。

40位大学生追逐梦想的故事出版了一本书！

3. 主题类结构设计

《有节有理：与大学生谈节日》 作者：张家玮

CONTENTS 目录

这本书的结构设计为“主题节日+个人感悟”逻辑结构。这本书以节日为契机，深入挖掘节日内涵，将中华优秀传统文化、社会主义核心价值观、专业教育、心得感悟融入节日谈。

这本书分为中国传统节日、纪念性节日、特定人群节日、主题性节日四大主题，每个主题为一章。将一年内所有的节日按照四大主题逻辑进行归类。每个节日撰写1500字个人感悟。

人人都过节日，人人都经历节日，但不是人人都能出版这本书！

只要有结构设计，你可以随时创作！

《元气密码：激发辅导员工作潜能的77个关键词》 作者：陈剑

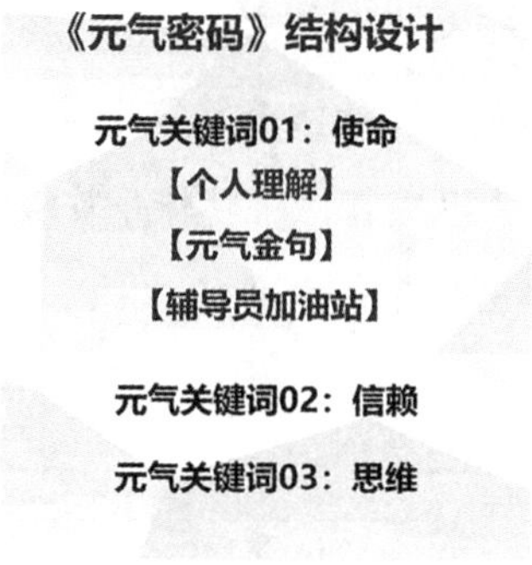

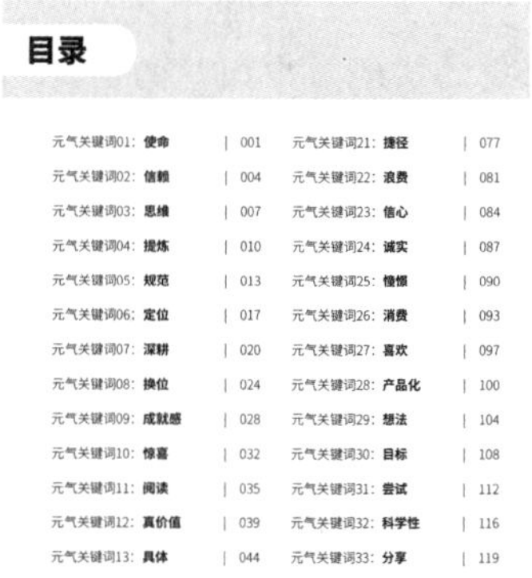
目录

这本书的结构设计为“元气关键词+个人理解+元气金句+辅导员加油站”逻辑构成。这本书由77个“元气关键词”组成。

作者把学生工作中的所见、所闻、所感、所思、所做都提炼出一个“元气关键词”，每一个“元气关键词”都按照固定的结构设计进行撰写。

每个“元气关键词”的字数大约为2500字。其中作者个人对“元气关键词”的解读为1500字，“元气金句”为200字；“辅导员加油站”为800字。

一本20万字的专著就是这样产生的！

4. 课程类结构设计

《新时代校园学生危机管理指导与实践》 作者：刘明耀

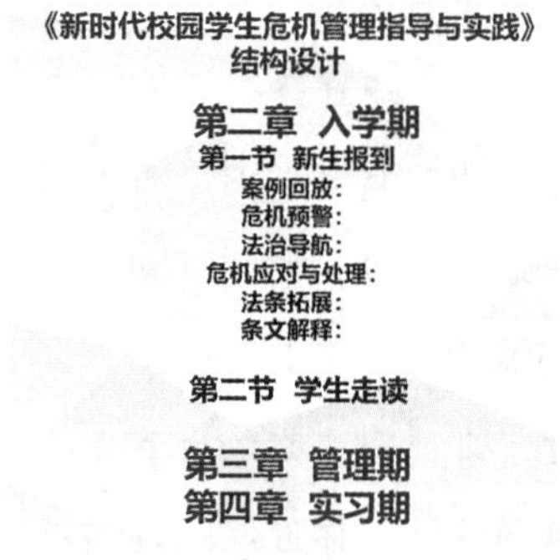

这本书的结构设计为“案例回放+危机预警+法治导航+危机应对与处理+法条拓展+条文解释”逻辑构成。这本书由36个校园危机典型案例构成。

这本书以“入学期、管理期、实习期、毕业期”为章结构，每一个案例作为每章的节结构。将36个案例归类到四个时期。

每一节中的每一个案例都按照固定逻辑结构撰写。

案例随时写，结构为独家！

同一个案例，不同的结构设计，可以出版不同的书籍！

5. 手册类结构设计

《种子花开：雷锋式大学生成长手册》 作者：孔祥慧

这本书的结构设计为“种子培育+种子发芽+种子成长+种子花开+种子优选”五步成长逻辑构成。这本书以时间为主线，按照12个月进行设计，每个月都按照“五步成长模式”进行训练。

这本书的每个月为每章，“五步成长”中的每一步为每节。每个月按照“五步成长模式”形成结构闭环。

种子培育——阅读雷锋故事，走进雷锋，了解雷锋。

种子发芽——通过阅读雷锋故事，撰写故事启发，激发个人梦想。

种子花开——制订成长计划，每个月从“五育”角度完成种子计划。

种子成长——通过临摹雷锋日记，撰写种子感悟。

种子优选——每个进行反思反馈，实现自己的丰盛时刻。

种子质检报告——每个月按照质检依据自测打分，提交报告。

作者用“种子”成长的方式，从德智体美劳五育的角度学雷锋、做雷锋、创雷锋，使学生成长有目标，行动有计划，工作有任务，结果有反馈，为大学生内心播下学雷锋的种子，经过四年的辛勤培育，发芽、开花、结果，最后成长为一名新时代雷锋式大学生。

6. 软文类、网文类结构设计

《蕴姐陪你写青春》 作者：湖南大学 杨文蕴

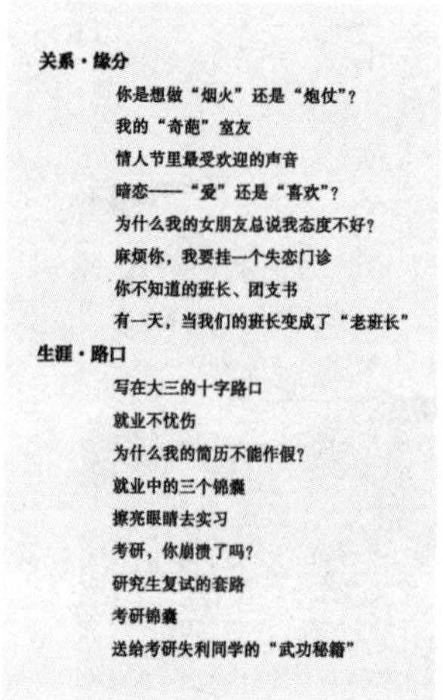

关系·缘分

你是想做“烟火”还是“炮仗”？

我的“奇葩”室友

情人节里最受欢迎的声音

暗恋——“爱”还是“喜欢”？

为什么我的女朋友总说我态度不好？

麻烦你，我要挂一个失恋门诊

你不知道的班长、团支书

有一天，当我们的班长变成了“老班长”

生涯·路口

写在大三的十字路口

就业不忧伤

为什么我的简历不能作假？

就业中的三个锦囊

擦亮眼睛去实习

考研，你崩溃了吗？

研究生复试的套路

考研锦囊

送给考研失利同学的“武功秘籍”

这本书的结构设计为**“校园·时光+人生·明灯+学业·耕耘+考试·回响+关系·缘分+生涯·路口+榜样·仰望”**的逻辑构成。

这本书集合了高校辅导员微信公众号“蕴姐陪你写青春”中的74篇网络文章，围绕大学生思想政治教育，按照逻辑结构设计为八个章节，为读者呈现出大学生活的方方面面，用诙谐生动的语言帮助大学生树立正确的世界观、人生观和价值观。

这本书保留了新媒体文章的特色，增强了思想政治工作的时代感和吸引力。

出版直通车

辅导员在写一本书时，结构设计一般有两个途径。

第一条路径：先积累素材，后结构设计。

也就是说书稿素材形成了，然后进行结构设计，重新搭框架。

结构设计是一条线，把散落的珍珠串成了美丽的项链。

第二条路径：先结构设计，再积累素材。

也就是说结构设计确定了，按时按框架进行素材积累。

结构设计是一条线，把已有的珍珠按照逻辑穿成了美丽的项链。

无论哪条路径，结构设计都是必由之路，都是书籍的核心与灵魂。

1.案例类结构设计

案例类结构设计的一般公式为：**书籍=案例+N**

辅导员在撰写案例类书籍时，可以采用案例+点评的结构；也可以采用案例+感悟的结构；也可以采用案例+法律的结构；等等。

你可以按照九大职责写案例；

你可以按照某一职责写案例；

你可以按照时间维度写案例；

你可以按照主题角度写案例。

只要你有案例，你可以加上任何创意，成为书籍的逻辑结构。

2.故事类结构设计

辅导员在撰写故事类书籍时，可以采用故事+心得的结构，可以采用故事+评价的结构，可以采用故事+收获的结构，可以采用故事+观点的结构，等等。

故事类结构设计的一般公式为：**书籍=创意标题+开头+发展+高潮+结尾+N**

标题：要具有诗意，围绕故事内容提炼。

开头：简要介绍背景信息，设置悬念或引发读者兴趣。

发展：详细叙述故事的发生、发展和转折过程。

高潮：展现学生面临的最大挑战及辅导员的关键干预。

结尾：总结学生的成长和转变，点明故事的教育意义。

N：就是作者的创意升华凝练。

冲突是故事的灵魂，转折是故事的关键。没有冲突的故事就像没有盐的菜，平淡无味；没有转折的故事就像和尚诵经，毫无波澜。

故事情节要与书籍主题高度贴合，不能离题八万里。故事叙述要有重点，节奏要快慢相当。故事既要有“小桥流水人家”，又要有“狂风暴雨惊涛”。

一本故事类书籍的结构设计，是把“你应该”藏进“我们曾”。——用故事做梁柱，书籍才会成为我们可居住的空间！

3.主题类结构设计

主题类结构设计要围绕书籍的主题和内容展开，通过合理的结构安排，确定主题，贯穿全书。每个章节也要围绕主题进行设计。

主题类书籍结构设计的一般公式为：**书籍=维度+角度**

每一个作者在写书时不是处在一维空间，而是多维空间，应采用不同角度进行结构设计。

合理的维度+合理的角度就是合理的书籍。

辅导员进行图书结构设计没有固定模式，维度不同，角度不同，书籍就不同！

4.课程类结构设计

辅导员开发了原创课程后，虽然分享了几百场，对课程内容了如指掌，但要注意：

课程大纲不等于书籍目录。

课程结构不等于书籍结构。

课程语言不等于书籍语言。

讲课逻辑不等于写书逻辑。

辅导员要将原创课程按照写书的逻辑重新进行结构设计。

课程类结构设计的十六字方针：**对偶押韵+起承转合+逻辑顺序+案例互动**

5.手册类结构设计

手册类结构设计通常按照一定逻辑顺序进行，具有和读者时时互动的特点。

按照时间顺序进行结构设计，可以分为全年12个月的学工手册；

按照年级顺序进行结构设计，可以分为大一到大四的成长手册；

按照类别顺序进行结构设计，可以分为德智体美劳五育手册。

手册类结构设计的一般公式为：**书籍=顺序+空白内容**

读者可以按照手册的要求随时填写空白内容。

6.软文、网文类结构设计

大部分辅导员通过微信公众号写软文或网文。辅导员在进行软文输出、网文写作的过程中其实并没有考虑太多的结构设计，想到哪，写到哪，随时记录，随意记录，天南海北，万千世界。所以这些软文、网文只是书籍的“原材料”。

作为辅导员，你要将你的软文、网文重新进行调整，重新进行归类，重新进行结构设计。

软文、网文不需要太强的逻辑，每个观点、论点简单易懂，信息量大，贴合读者实际生活就可以。

软文、网文的结构设计通常从宏观上进行，也就是从章的角度进行结构设计，一般不从每节的角度再细化结构。

软文、网文类结构设计的一般公式为：**书籍=时间+空间+主题+N**

任何一个维度结构设计，都会使：软文不再是软文，网文不再是网文。

软文、网文在结构设计下才能变成书籍！

辅导员在写书过程中要注意章节内部逻辑，确保每个章节内部的逻辑清晰、段落之间过渡自然，通过因果关系、递进关系、并列关系等将观点和材料进行有机结合。例如，本章的结构就是按照出版流程的递进关系进行设计的。是按照选题定位—书名凝练—目录升华—结构设计—内容修改—三审三校—书号申请—封面设计—排版印刷的流程结构设计进行的。

辅导员在写书过程中要注意章节间的逻辑关联，使各章节之间相互关联、互相呼应，形成一个完整的逻辑体系。前一章为后一章作铺垫，后一章是前一章的深入和拓展。例如，本书的章与章结构设计体现了“了解出书信息—破解写书之惑—踏上出版之路—打开发售之门—对话书籍作者”一本书出版的流程结构。

写书就是朝思暮想、三年怀胎、一朝分娩的过程。

如果按照十个月写完一本书，那么：

朝思暮想是选题构思，需要3个月。

三年怀胎是结构框架，需要4个月。

一朝分娩是文字输出，需要3个月。

在学生管理过程中，我们要有一双善于发现的眼睛，围绕某一个创新点确定逻辑结构后，高筑墙，广积粮，深挖井！

金句分享

一本书的骨骼不是目录，不是页码，不是前言，而是读者困惑的“裂缝”与解答的“丁卯”，用结构设计缝合迷茫，字与句便成了立德树人的桥梁！

思维拓展

《如烟女士去做生涯咨询》 作者：吴沙

书　　名：《如烟女士去做生涯咨询》

作　　者：吴沙

出版时间：2022年11月

出 版 社：机械工业出版社

评论次数：5000+

重印次数：3次以上

发行情况：畅销书

1.选题定位

作者曾是辅导员，本书瞄准30+女性职业转型痛点，通过小说体裁破解传统生涯书籍的说教感，将咨询技术植入都市职场叙事，形成“情感共鸣+认知升级”的双重价值锚点。

2.书名凝练

“如烟女士”构建典型用户画像，激活读者自我投射；“去做生涯咨询”创设行为牵引，打破专业壁垒。书名暗合“认知—决策—行动”的咨询逻辑，形成轻学术、重体验的阅读契约。

3. 目录设计

按咨询时序设计“初诊—探因—破局—重生”四幕剧结构，每章包含咨询对话实录、技术原理卡片、主人公日记碎片三种文本形态，形成立体认知场域，附录增设14套职业评估工具包。

4. 结构逻辑

以主人公咨询进程为明线，嵌套生涯三叶草、生命线分析等12个工具为暗线，采用“场景痛点—技术拆解—隐喻启示”的螺旋递进结构，实现方法论的无感植入。

5. 内容特点

开创“案例小说”新体裁，将CDA模型、决策平衡单等专业工具转化为剧情冲突解决方案。独创“对话浮窗”版式设计，右侧栏实时解析咨询师话术策略，实现“观剧+偷师”双重体验。

6. 营销发行

通过“职场故事征稿+咨询金句卡片+角色微博互动”构建跨媒介叙事营销矩阵。

第五节　内容修改

定义内涵

内容修改是指书籍在创作过程中以及创作完成初稿后，对书中的文字内容、情节架构、知识信息等进行全面的审读和调整优化的过程。旨在提升书籍质量，使其更符合创作意图和读者需求。

具体内容

好书名可以引爆销量，但前提在于书的内容质量足够硬核。

内容是一本好书的核心。

一本书的内容要有信息浓度，要么能为读者提供情绪价值，要么能为读者提供解决方案，或者能为读者提供实操方法。有行动步骤，有认知提升，等等。

心理学家丹尼尔·卡尼曼提过一个“峰终定律”，是指人们只会记住处于高峰时刻和结束时刻的体验，如果在这两个时刻的体验是愉悦的，那么人们对整个体验感受是愉悦的。

辅导员写书在内容设计上要体现“峰终定律”，也就是写作时常说的“凤头猪肚豹尾”。

辅导员在写书时，一定要坚定地迈出第一步，不要总停留在想法上。先完成再完美，开始动笔很重要。虽然万事开头难，但迈出第一步，后面的写书路就会越走越宽。要坚持不懈地写和改，一个字一个字地完善。

出版社收到语病和错别字连篇的稿件往往会退稿或拒稿，因此，你的文字要能够精准表达出想要传递的信息，让编辑能够轻松理解你的内容。写书是一个不断试错和完善的过程，不要幻想一次性完稿，修修改改是我们写书必经的程序。

当然，编辑也会对稿子进行严格把关，包括政策关、意识形态等。需要改错别字、需要改病句、需要核实资料引文、需要核对词语有无歧义等。

辅导员不管是写一本书，还是写一篇文章，开头都是非常重要的。

开头就像一扇窗，打开得好，窗外的风景才能吸引读者驻足。每本书、每章、每节的开头，都要把最重要的内容、最吸引读者的内容提到前面来。

在写书的过程中，辅导员既是作者，更是读者！

辅导员在写书过程中，切记不要为了凸显内容的理论性和高大上，刻意强行把简单的内容用深奥的文字表述。要注意内容尽量使用简洁明了的文字来表达。辅导员写书是在写一本畅销书不是写一篇学术论文！

记住这句话：把深奥的内容用简单易懂的文字表述出来！

辅导员在写书过程中要注意以下事项：

一是多分行，用短句。段落长度原则上不要超过三～五行，不要一段长篇文字，一口气读不完，增加读者的阅读压力。

二是多用陈述句，少用复杂句。尽量用最简单的陈述句，不要用复杂的句式，让读者更易阅读和理解。

三是少用虚词。的、了、且、但、吗、吧、呢……这些无意义的词尽可能少用。

四是多用小标题。每节可用小标题概述开头，这样使逻辑更加清晰，一目了然。

辅导员写书不要从“我”出发，而是从“她”出发！

辅导员在写书过程中经常会有一个通病：内容庞杂，喜欢堆积概念、给大家灌输大道理。辅导员写书不是为了取悦自己，不能把自己感动得热泪盈眶，别人读后却无动于衷。写书的本质是价值观引领，辅导员在写作过程中，要时刻思考这本书能够为别人带去什么。所以写书的出发点和立足点必须是读者视角。

典型图书

《新时代校园学生危机管理指导与实践》 作者：刘明耀

书　　名：《新时代校园学生危机管理指导与实践》
作　　者：刘明耀
出版时间：2021年11月
出 版 社：辽宁大学出版社
重印次数：2次
销售数量：10000册

我在写这本书时，也曾认为文字越多越好，内容越高深越好，读者越读不懂越好。所以导致字数很多，长句很多，给读者增加了阅读负担，使读者很难坚持全部读完。

在写书过程中，我们常常会进入自己的固定思维之中，不自觉地认为自己写的内容惊天地、泣鬼神，前无古人后无来者。因此，在写书过程中，我们也可以提前让编辑介入，主动和编辑沟通，积极探讨，认真思考，虚心接受编辑意见，毕竟她们的经验比我们丰富。

好的稿子都是经过反复推敲、修改、打磨出来的。

作者在初稿完成后，至少要经过五轮修改。

第一轮：按照章节目录全部完成，第一稿初成。

第二轮修改：重新对章节目录进行复核，按照逻辑结构进行调整。要做到前后呼应，首尾一致。

第三轮修改：逐章进行复核，每章内容里的大小标题是否规范，段与段之间是否重复，图片、表格、案例是否有遗漏。

第四轮修改：金句修改。在内容中提炼出金句。或把普通句子修改为金句。

第五轮修改：逐节进行修改。逐字逐句进行修改，检查句子是否通顺，标点符号是否规范，是否有错别字。

由于作者在写作过程中思维已固定，先入为主，形成惯性，自己很难从自己的书稿中发现问题。作者可以让其他人进行通读或者读给其他人听，从第三人的视角发现问题。

一本书最好经过作者的五轮修改后再交给出版社。

出版直通车

作者进行内容修改时，主要从以下几个方面进行：

1.结构层面修改

章节顺序调整。根据内容的逻辑关系和读者的阅读习惯，对章节顺序进行优化，使书籍的整体结构更流畅、更合理。

结构平衡性优化。检查各章节、各部分内容的篇幅和重要性是否平衡，避免出现某些部分过于冗长或单薄的情况。

再好的书，如果写得特别长，特别烦琐，读者很难坚持读完。

我在写本书时，也调整了自己的写作风格：

字数控制在12万字左右，不长篇大论！

尽量不使用复杂的长句子，使用短句，言简意赅！

不写很深的理论，直接给出方法实战！

不写长段落，用短段落使读者读起来视觉轻松！

真正的写书高手，从不会把读者拦在阅读之外。

读书不是跨栏，不要刻意给读者设置阅读障碍。

读者最期待什么？最大的痛点在哪里？从哪个方面能给读者最大化价值？只有把这些弄清楚，写起来才不会遇到卡点。

2.内容层面修改

内容准确性审核。对书中涉及的事实、数据、引用等进行核对，确保知识准确无误，避免误导读者。

情节与逻辑梳理。对于学生案例、学生故事等叙事性情节，要检查情节发展是否合理，人物行为和情感变化是否符合逻辑，有无前后矛盾、漏洞等问题。

内容完整性补充。检查是否存在内容缺失、不完整的情况，如某些重要观点未阐述清楚，或案例、论据不足以支撑论点等，需进行适当补充。

内容相关性调整。删除与主题无关或关联性不强的内容，使书籍内容紧凑，主题突出。

3.文字层面修改

语法和黑白错误检查。对语句中的字词、语法、标点符号等错误进行修正，确保表达准确规范。

语言风格调整。使语言风格契合书籍的类型和目标受众，如方法论书籍注重通俗易懂的表达方式，学术著作强调表述的严谨性和规范性。

语言优化润色。对于表述模糊、冗长、生涩的语句进行修改，运用更精准、生动、简洁的语言增强表达效果，使读者更容易理解。

同时作者在修改内容的过程中，可以借助AI工具，随着DeepSeeK、豆包、文心一言等工具的普及使用，要充分发挥AI的作用，通过AI可以检查以下问题：

（1）检查并纠正拼写错误。如检查“的、地、得”的使用情况等，很多作者在写作过程中不知道这三个字的区别，造成诸多错别字。

（2）能识别并修正主谓不一致，时态混乱、冠词滥用等语法问题。很多作者写作时脑补内容，导致前后主语不一致，语法混乱读者看着发蒙。

（3）检查并优化冗长句子、拗口句子、修饰词过多的复杂句子。AI可以把句子改得很清爽，读起来朗朗上口。

(4)核对并修改书中的标点符号。很多人经常一逗到底，或者是乱用句号，导致逻辑不清。

(5)核实准确度。比如会计类书籍中涉及报税、做账等问题，都有数字的加减乘除，AI能自动计算，帮你检查数据错误，省时省力。

AI可以帮你修改内容，可以帮你搭建框架，可以帮你打磨标题，可以帮你寻找案例，还可以帮你提炼观点，等等。

但要记住：你可以借助AI，但不能完全依靠AI。可以让AI做你的帮手，但不能做你的“枪手”。

辅导员写书内容要抓住痛点，能够解决学生管理或思想政治教育过程中某一问题，或提供某一方法，只有这样，读者阅读时才能够产生情绪共鸣。

尽管辅导图书市场相对较小，但抓住读者痛点的小众内容依然受欢迎；反之，如果没有痛点，即便是热门内容也可能遭到读者拒绝。

一本好的畅销书内容要注意以下三点：

首先，不要像撰写学术论文那样信息丰富却枯燥乏味。尽管学术论文知识含量高，但许多人不喜欢阅读或难以深入理解。畅销书的内容应生动具体。

其次，避免像专家那样居高临下地灌输“道理”。作者应与读者保持平等，像与朋友聊天般自然地阐述道理，而非以教训的语气强行灌输“大道理”。

最后，不要像日常对话那样平淡无奇、缺乏实质内容。内容需有深度，让读者有所收获，为读者提供情绪价值引发共鸣，要么为读者传授实用方法，要么增加读者的认知。

辅导员在写作时遇到灵感枯竭，正如哪吒与敖丙战斗中的僵局。面对挑战和困境，是每个人在写作过程中都会经历的阶段。

面对灵感枯竭，我们需要保持耐心和毅力，寻找新的视角和方法。本人在写前三本书时，也曾多次陷入瓶颈期。通过不断尝试、反思和调整，最终突破了难关。

辅导员要从身边的人和事中汲取力量，拓展思维，增加灵感，应该深入寝室和学生聊聊天，走进操场和学生打场球，与学生谈谈话。学生工作才是你写作的灵感源泉！

猫叔说过：写不出文字的时候，不要干坐着苦思冥想，你应该学会“进货”。辅导员要学会从学生身上“进货”，从课堂上“进货”，从寝室里“进货”，从活动中“进货”，从谈心谈话中“进货”。

“货源”充足了，写文字也就变得水到渠成了。

金句分享

出版的每个细节都是营销。一本书籍好的内容决定是否成为畅销书！

思维拓展

《遇见生涯大师》 作者：吴沙

书　　名：《遇见生涯大师》
作　　者：吴沙
出版时间：2017年03月
出 版 社：北京大学出版社
评论次数：5万+
重印次数：5次以上
发行情况：爆款书

1.选题定位

作者曾是一名辅导员，本书聚焦职场人士生涯理论的需求，通过虚构对话打破学术著作的阅读壁垒，将舒伯生涯发展论、霍兰德职业类型说等经典理论进行大众化转译，填补理论普及与实操指导之间的市场间隙。

2.书名凝练

“遇见”构建沉浸式学习场景，唤醒读者与智者对话的原始求知欲；“生涯大师”借势权威背书效应，暗示内容的理论纵深度，形成“轻阅读—重收获”的心理契约。

3.目录设计

按“自我认知—环境洞察—决策技术—终身成长”构建四大理论星系，每个星系包含3~4位大师思想星球，通过星轨链接形成动态知识网络。

4.结构逻辑

采用“现实困境导入—大师思想碰撞—认知冲突化解”的三幕剧结构，设计虚构咨询师与16位大师的跨时空对话，嵌套生涯彩虹图、决策平衡轮等工具演示，实现理论的情景化习得。

5.内容特点

开创“思想实验剧场”形式，将明尼苏达工作适应论转化为职场情景剧，把认知信息加工理论拆解成破案游戏。独创“理论精粹卡”嵌入式设计，在对话页脚标注核心观点及原始文献出处。

6.营销发行

通过“大师金句日签+理论盲盒测试+线上思想峰会”构建传播矩阵，联合得到App打造音频专栏《给职场人的24堂生涯通识课》，以图书为入口引导用户进入1999元《生涯大师私房课》训练营。

第六节　三审三校

定义内涵

三审三校是指书稿完成后提交给出版社，需经历初审、复审和终审三个审核阶段。此外，还需进行初校、二校、三校三次系统性校对，最大限度减少文字、格式、逻辑等错误。

具体内容

作者经过五轮书稿修改，内容确定后，交给出版社，编辑进行预审，确定书稿符合出版要求，然后进入三审三校。出版社会把好书稿的最后一关。

什么是三审三校呢？

三审三校制度是图书、报纸、期刊出版单位内容编辑环节的基本制度。

所谓三审，即责任编辑初审、主任复审、总编/副总编终审。

1.初审

通常由责任编辑承担，对稿件进行全面审查。从内容上检查稿件的政治导向、思想倾向和价值主题是否明确、内容是否完整、逻辑是否清晰、资料是否准确；从文字上查看语言表达是否通顺、有无错别字、标点符号使用是否正确等。

在全面审阅稿件后，对选题内容的社会效益、文化价值和出版价值进行审核，严格把控导向、知识和文字质量，形成初步审查报告，并提出稿件的取舍意见和修改建议。

2.复审

通常由具有正、副编审职称的编辑室主任或具备一定经验的编辑担任。在初审的基础上，对稿件的政治导向、思想性、科学性、艺术性进行进一步审核。审读全部稿件，并对稿件质量及初审报告提出复审意见，做出总体评价，并解决初审中提出的问题。

3.终审

通常由具有正、副编审职称的出版社的社长、总编辑、副社长或副总编辑负责。审查稿件的政治导向和思想倾向。对稿件的内容，包括出版导向、学术质量、社会效果、是否符合党和国家的政策法规等方面作出评价。判断稿件是否符合出版方向，有无重大政治问题、社会影响等，对稿件能否出版作出最终决定。

需要注意的是：“三审”中任何两个环节的审稿工作不能同时由一人担任。

所谓“三校”，是指专业校对不低于三个校次，重点图书、工具书、重大选题出版物等应相应增加校次，高标准严要求，确保校对准确无误。

1.一校

校对人员依据原稿对排版后的校样进行逐字逐句校对，重点校正文字错误、标点符号错误、排版格式错误等，同时对稿件的内容连贯性和逻辑性进行初步检查，标记出明显的问题。

2.二校

在一校基础上，再次对校样进行全面校对。除了进一步消灭一校可能遗漏的错误外，还要对稿件的语言表达、图表数据等进行更细致的检查，确保内容准确无误，对前后内容的一致性、注释参考文献的准确性等进行核对。

3.三校

三校是出版前的第三次校对，对校样进行全面、细致的检查，重点检查前两次校对中修改的内容是否正确落实，有无新的错误产生，对整个稿件的质量进行全面把关，确保稿件达到出版要求。

校对时，全部稿件都应由专职校对人员负责校对。最后一次校对后，责任校对人员负责校样的文字技术整理，各校次的质量监督检查以及付印样的通读，对校对质量负责。

在图书出版时，“三审三校”制度可以把控图书出版的方向性，确保图书质量的高标准严要求，对于传播精神文化、引导观念等方向起到非常重要的作用。

出版直通车

凡是具有正规书号的图书在出版时，都必须进行严格的“三审三校”。

通过“三审三校”制度可以反映出一个出版社是否正规，一个编辑是否负责。

例如，本人在出版《辅导员打造个人品牌IP实战指南》书籍过程中，书籍内容曾写了“鱼跃龙门”，说明一条鱼要逆水而跳，经过不断的努力跳过龙门。比喻辅导员在学生工作中要经过风吹浪打找到自己的品牌IP，实现跳龙门。

但本书编辑在审稿校稿过程中，对“鱼跃龙门”提出了质疑，主要焦点有两个：

一是鱼是什么鱼？是胖头鱼还是黄河大鲤鱼？是鲫鱼还是草鱼？

二是鱼是逆流而跳还是顺流而跳？

当时本人也只是比喻辅导员“鱼跃龙门”逆流而跳很辛苦，但没深入思考细致分析是否符合实际逻辑。

经过编辑反复查阅资料核对，最后确定为“鱼跃龙门”是指黄河大鲤鱼顺流而跳才实现的跳龙门。

所以将书稿中的文字及时进行了修改更正。

国家新闻出版署定期对图书内容质量进行抽检，如果你的书籍差错率超过1/10000，则属于不合格书籍，将会被召回销毁，给予处罚。

辅导员出书不单单是需要一个书号这么简单。如果作者将稿件编写好了，选定出版社后，出版社会根据审校制度对稿件进行审校，只有通过审校的书稿，才能申请书号。

金句分享

一本书需要经过层层打磨和严格审核，每个环节紧密相连，只有克服重重困难，才能最终成为优质作品。

思维拓展

《职业学校安全管理案例汇编》 作者：王立杰

书　　名：《职业学校安全管理案例汇编》
作　　者：王立杰
出版时间：2018年06月
出 版 社：机械工业出版社
评论次数：500条
重印次数：7次
发行情况：畅销书

1.选题定位

作者是一名中职学校班主任。本书紧扣职业学校安全管理的现实痛点，聚焦职业教育领域特有的实训操作、校企合作、学生心理等风险场景。选题具有明确的政策导向性与实践需求性，目标读者精准锁定职业学校管理者、一线教师及教育行政部门。

2.书名凝练

书名突出“职业学校”的垂直领域属性，强调“案例汇编”的实操参考价值。核心关键词“安全管理”直击需求痛点。

3.目录设计

目录划分为6大板块：实训安全、消防安全、心理干预、突发事件、校企责任、制度设计。每章下设“案例导入—归因分析—处置流程—预防体系”四级目录，体现从现象到本质的认知逻辑。

4.结构逻辑

以“风险识别—应对策略—长效机制”为暗线贯穿全书。前3章聚焦具体事故处置，后3章延伸至管理机制建设，形成“点—线—面”立体框架。案例选取注重职校特色。

5.内容特点

80%案例源自作者团队实地调研，标注具体时间地点；配套36个安全检查表、12类应急预案模板；梳理21部职教安全相关法规形成附录。

6.营销发售

嵌入国家级职校校长培训书目；在机械工业出版社天猫旗舰店设置“职教安全专题”栏目，配套作者直播解读。

第七节 书号申请

定义内涵

书号申请是指图书出版单位为即将出版的图书向国家新闻出版行政部门获取专属出版物（书号）的过程。

具体内容

书号ISBN是图书的身份证，具有唯一性和标志性。

书号申请的主体是具有合法出版资质的出版社、出版公司等出版单位。一般情况下，作者个人无法直接申请书号。出版社负责申请书号和CIP。

申请书号是确保图书在市场上发行和流通的必要步骤，也是其进入正规销售渠道和参与学术交流的前提条件。

书号一旦分配给某本图书，就是永久有效的。不会因为图书的出版时间、重印次数或市场状况而改变。

近年来，为严格把控出书质量，国家新闻出版署对下发的书号数量进行管控，每年数量呈递减状态。

出版直通车

出版一本书，书号是核心，作为辅导员要出版一本书，要了解书号的具体类别、相关知识。做出正确的选择。

书号一共分为以下几类：

国际标准书号（ISBN）。通过中国大陆出版社申请，国家（地区）的出版物可以通过版权贸易输出，可在中国大陆地区销售，能在中国版本图书馆查询，费用相对较高。

电子音像书号。由国内电子音像出版社提供，要求与光盘和U盘配售，可在国内销售。可在国家新闻出版署和中央宣传部出版物数据中心查询到。电子书号的价格要低一些。

电子书与纸质书是有区别的。

电子书只有ISBN书号，没有CIP。

纸质书既要有ISBN书号，又要有CIP。

CIP是图书在版编目数据（Cataloguing In Publication）的缩写，是由中国版本图书馆（隶属国家新闻出版署）根据国家标准对图书进行编目后生成的法定数据，印刷在图书版权页上。它是图书正式出版的核心标识之一，与书号共同构成图书的“合法身份证明”。

没有CIP=不能实体发行+评职称可能无效+图书馆不收录+无法纳入学术数据库+无法很好保护版权

作者签约前要问：“是电子书号还是纸质书号？”

作者签约前要查看合同里的“出版物类型条款”。

CIP可在国家新闻出版署官网和中央宣传部出版物数据中心查询。

金句分享

书号是辅导员把书稿变成书籍的“合法身份证”。

思维拓展

《做学生欢迎的班主任》 作者：李迪

书　　名：《做学生欢迎的班主任》
作　　者：李迪
出版时间：2021年04月
出 版 社：长江文艺出版社
评论次数：1128条
重印次数：2次以上
发行情况：畅销书

1.选题定位

作者是一名中职班主任，本书围绕“如何建立师生信任”这一核心命题，聚焦新手班主任的实际需求。作者李迪从一线教师视角切入，弱化理论说教，强化可操作性，体现了“问题导向、实践优先”的创作思路。

2.书名凝练

通过“学生欢迎”这一感性表达替代传统“优秀班主任”的刻板标签，既传递民主教育理念，又暗含方法论，形成情感共鸣与求知欲的双重牵引。

3.目录设计

采用“三维递进”结构：基础篇、方法篇、升华篇，每章下设“问题聚焦—案例剖析—策略工具箱”三级模块。

4.内容特点

体现“三真原则”：真实案例占比超60%；真诚对话还原师生交锋细节；真策略提供可复用的沟通话术与活动方案。独创“情绪刻度尺”“共情四步法”等工具，将心理学原理转化为可视化操作流程。

5.营销发行

采取联合“班主任工作坊”开展共读活动，在“中国教师报”等专业媒体连载精选案例，通过教师社群发起“最难沟通场景”话题互动，形成口碑传播。

第八节　封面设计

定义内涵

封面设计是指运用艺术手段和设计技巧，对书籍封面的视觉元素进行创意性组合和编排，以直观呈现书籍内容、风格和特色，吸引读者的注意力并激发读者购买欲的创造过程。

具体内容

很多作者不重视封面设计，认为自己的内容写得好，不愁销售。

其实，作者要高度重视一本书的封面设计，要通过封面设计表达出自己的内心想法和本书的主题思想。因此，作者要投入精力与出版社进行沟通，与编辑、封面设计人员共同打造出图书的封面。

封面的设计要突出读者购买的理由，但并不是字数越多越好。封面上布满了密密麻麻的宣传方案，但各种信息相互冲突打架，无法突出重点，也难以打动读者。

进行封面设计是要学会“化妆”，但不要“整容”。

封面是一本书的门面，精美的封面能使图书从海量信息中“脱颖而出”，会让读者潜意识认为内容也更“优质”。

看脸的时代，颜值即正义！

封面设计能够通过视觉、语言精准与读者沟通，是图书内容的“翻译官”，甚至能成为影响图书全生命周期的关键因素。

如果把写书、出版、发行比作一个长长的链条，那么作者和读者分别处于这个链条的两端。读者是最终为你作品买单的人，但读者也是在整个链条中离你最远的人。

每个作者不可能面对面地说服每一个读者，所以作者必须通过书籍向读者“传话”。小时候都玩过“传话”游戏。在“传话”过程中，信息是很容易消减、走样、变形、失真，最后面目全非的。即使一本书的内容再好，如果通过口口相传最终传递到读者手中，也可能已经失去了原本的意义。

好的封面设计价值巨大，小封面大乾坤，如果不懂得封面设计，可能就浪费了这重要的一环，失去一本书应有的价值。

所以，宣传最好的方法之一，就是把封面设计好。精美设计、白纸黑字，直接抵达读者内心，无论经过多少次“传话”，始终保持原来的准确度和清晰度。

封面设计的核心，就是这本书最大的“卖点”。

1.方法论图书封面设计

通常情况下方法论图书封面设计可使用具有内涵、凸显意义的图片。

典型图书

《手把手教你打造名师工作室》 作者：刘明耀

书　　名：《手把手教你打造名师工作室》
作　　者：刘明耀
出版时间：2024年10月
出 版 社：中国石化出版社
重印次数：2次
封面设计：方法论

这本书的封面设计理念为：

文字设计重点突出书名中的“名师工作室”，所以加大了“名师工作室”字号，读者一眼就能注意到这是一本关于“名师工作室”的书籍。

色彩设计采取了白色+蓝色+红色主色调。通过色彩的搭配组合，形成和谐或对比的视觉效果，蓝色强调本书方法论的理性思维，红色突出工作室的累累硕果。

图像设计放了一张主图。这种“苹果树”主图具有象征寓意，“苹果树”象征辅导员，“土壤”象征学生工作，“苹果”象征工作室，也就是说辅导员要扎根学生工作，才能枝繁叶茂、硕果累累。

2.私域IP型图书封面设计

通常情况下私域IP类图书封面设计时会插入作者个人照片，凸显典型IP标识，能进一步丰富和强化作者的IP形象，使IP更加立体、真实，增加读者对图书的信任度。

典型图书

《元气密码：激发辅导员工作潜能的77个关键词》 作者：陈剑

书　　名：《元气密码：激发辅导员工作潜能的77个关键词》
作　　者：陈剑
出版时间：2024年09月
出 版 社：中国石化出版社
封面设计：私域IP型

把作者个人照片放进封面设计中，能让图书更具有专属性和独特性，使读者一眼就能将其与其他书籍区分开来，突出作者个人IP特色，有助于在竞争激烈的图书市场中脱颖而出。

《沟通的方法》 作者：脱不花

书　　名：《沟通的方法》
作　　者：脱不花
出版时间：2021年06月
出 版 社：新星出版社
评论次数：30万+
封面设计：私域IP型
发行情况：爆款书

把作者个人照片放进封面设计中，可以传递出作者个人的风格特点，与书籍内容相呼应，作者微笑的照片，凸显作者的亲和力，与题目也相呼应，能让读者快速感知书籍的风格和调性，让读者产生一种直观的亲近感。

3.理论型图书封面设计

理论型书籍封面设计通常不选用丰富的颜色，没有过多花哨的元素干扰，简洁朴素的设计风格能传递一种严谨、认真的态度和理性的思维，体现了理论的严肃性和科学性。

典型图书

《新时代高校辅导员工作十讲》 作者：冯刚　刘宏达

书　　名：《新时代高校辅导员工作十讲》
作　　者：冯刚　刘宏达
出版时间：2022年08月
出 版 社：北京师范大学出版社
封面设计：理论型

理论型封面设计突出理论主题，理性朴素的设计可以避免分散读者注意力，使读者快速聚焦书籍的核心理论和关键信息，引导读者进行深度阅读。朴素且权威的封面设计更能凸显学术的严谨性。

4.营销型图书封面设计

营销型图书封面设计通过放大书名字号，可以突出书籍的核心卖点，让读者快速了解书籍的价值和重点，放大的字体设计可以传达书籍的品牌个性和声音，形成独特记忆点。

典型图书

《1000个铁粉》 作者：伍越歌

书　　名：《1000个铁粉》
作　　者：伍越歌
出版时间：2022年03月
出 版 社：人民邮电出版社
评论次数：2万+
封面设计：营销型
销售数量：爆款书

通过书名字号放大的封面设计，能够让图书第一时间抓住读者眼球，吸引读者注意力，让读者在匆匆一瞥中对书籍产生兴趣。放大的书名也会营造紧迫感，让读者觉得这本书包含了重要且独特的知识，不读就会错过，从而激发读者的购买欲。

出版直通车

风格是封面设计的灵魂，或简约，或华丽，或复古，都体现出一本书的内在气质。

一本书的封面设计要注意做到以下几点：

1. 文字设计

书名，是封面的核心文字，需选用合适的字体、字号和颜色，通过独特的排版方式突出显示，如使用与书籍风格相符的手写体、艺术体等，以体现图书的个性。

著译者：一般在书名下方，字号小于书名，字体风格与整体协调，用于表明创作者身份。

其他文字信息：如副标题、出版社名称、宣传语等，起到补充说明的作用，辅助读者进一步了解书籍。

2.图像设计

主图、占据封面主要位置，是体现书籍主题的关键图像，如辅导员理论型图书封面主图较为朴素、辅导员方法论图书主图要有寓意，要具有较强的视觉冲击力和代表性。

辅助图形：用于衬托主图或丰富画面，如线条、图案、装饰元素等，增强封面的层次感和艺术感。

3.色彩设计

主色调：奠定封面的整体视觉氛围，如辅导员理论型书籍常用沉稳、理性的深色系，方法论图书或案例型图书多采用清新、明亮色系。

配色方案：通过色彩的搭配组合，形成和谐或对比的效果，如互补色搭配可产生强烈的视觉冲击，相近色搭配则营造出柔和统一的感觉。

4.排版设计

元素布局：合理安排文字和图像的位置，遵循平衡、对称、对比等原则，使封面具有良好的视觉秩序，如将重要信息放在视觉中心区域。

空间处理：巧妙运用留白或紧凑的布局方式，营造出不同的视觉感受，留白可使封面显得简洁大气，紧凑布局则能传达丰富多元的信息。

目前，我国每年出版图书有30万~40万种，平均每天上市约1000种。如果你是读者，一本新书上市，即使它正好是你的“菜”，你又有多大可能会注意到它？

封面、书名、目录，第一时间映入读者眼帘的就是封面。读者对一本书第一印象的好坏取决于封面。读者对封面感兴趣，才有可能打开目录并试读相关内容。

金句分享

封面设计是书籍的视觉名片，用图像与文字精准传达主题，瞬间能吸引读者目光。细节是封面设计的品质刻度，精心雕琢的每一处，彰显着书籍的专业与价值。

思维拓展

《班级管理难题35问》 作者：李迪

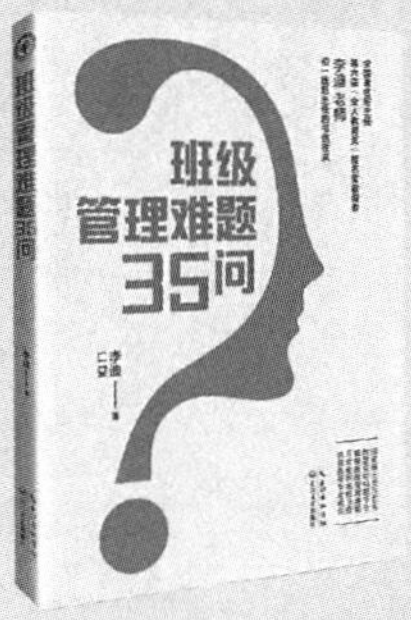

书　　名：《班级管理难题35问》
作　　者：李迪
出版时间：2022年08月
出 版 社：长江文艺出版社
评论次数：537条
重印次数：3次以上
发行情况：畅销书

1.选题定位

聚焦班级管理中的高频“疑难杂症”，选取35个教师投票率最高的典型问题，定为“教育急诊手册”。区别于同类书籍宽泛论述，专注提供“临床级解决方案”，满足教师“即查即用”的刚需。

2.书名凝练

数字“35问”制造具体可感的实用价值，强化问题导向；“难题”直指班主任工作中的深水区挑战，暗示内容含金量。标题形成“痛点扫描+量化承诺”的双重刺激，精准吸引目标读者。

3.目录设计

采用“三维坐标轴”分类法：横向按场景分为纪律管理、人际协调、家校协同三大模块；纵向按问题紧急程度标注“红黄蓝”预警标识；深度上设置“问题溯源—误区诊断—策略分层”三级目录。

4.结构逻辑

每问遵循“STAR-T”模型：情境（Situation）还原冲突现场，任务（Task）明确解决目标，行动（Action）拆解处理步骤，结果（Result）展示实施效果，工具（Tools）附赠话术模板或量表工具。逻辑链条形成“问题具象化—归因科学化—操作标准化”的闭环。

5.内容特点

首创“难题解剖图”：用思维导图可视化呈现问题成因；开发“策略分阶

系统”，针对同一问题提供“应急止血版”“中期调理版”“根源治愈版”三级响应方案；收录50+对话实录，包含200余条冲突场景的缓冲话术。

6.营销发行

线上通过“班主任难题诊疗所”直播栏目，每周定期拆解书中1~2个案例。联合区域教研室发起“35天难题共闯关”打卡活动。

第九节　排版印刷

定义内涵

书稿完成后，将文字、图片等内容进行整理、设计并通过印刷技术复制到纸张等媒介上的过程，是一本书出版的重要环节。

具体内容

完整的书稿包括书名、作者、目录、正文辅助性内容（序前言、参考文献、附录、后记等，可视需要添加）。作者交至出版社的书稿要求结构无缺、内容完整、格式规范、版权清晰、作者应优先提交word文档，所有内容放至一个文档中。

如果书内有配图，要确保配图清晰，无侵权问题。作者的个人简介，其他一些与书配套的资料、文件均要一起发给出版社。在文中标明插图序号，方便排版。

出版社会对书稿进行“三审三校”，确保内容符合出版要求，同时，对书中图片进行处理，如调整色彩、对比度、分辨率等，使其符合印刷要求。

出版社确定文字的字体、字号、行距、字距等，根据内容结构和风格要求，设计标题、正文、页码等的样式和位置。还要对页面布局进行规划，确定页边距、分栏方式等，使内容排列合理、美观，便于阅读。

出版社对于排版好的电子文档进行检查和预检，确保文件格式正确、图像文字完整等。然后将电子文件转换为印刷所需的格式，并提供印刷委托书，确定印刷厂家、印刷数量、印刷工艺等，对图书进行制作印刷、装订。

印刷完成后，图书进入发行环节，根据图书的发行方案进行发行销售。

出版直通车

图书的排版印刷环节基本是由出版社来完成，这时，就凸显了一个好编辑的作用！

在一本书的排版印刷过程中，编辑起着至关重要的作用，一个好的编辑除本身要具备较强的专业能力、审美能力、创新能力外，在作者、设计师、出版社、印刷厂、发行部五者之间发挥着沟通协调、上传下达、解释说明等作用，主要体现在以下几个方面：

1.内容把控

质量检查。对排版后的内容进行严格把控，确保书稿质量达到出版要求。

内容完整性确认。确认所有应包含的内容，如前言、目录、正文、参考文献等是否齐全，有无遗漏或重复，保证书籍内容的完整性。

版权问题审核。检查引用的图片、文字等素材是否获得了合法的版权授权，避免在出版后出现版权纠纷。

2.版式设计沟通

风格协调。与设计师沟通，根据图书的内容和定位，确定整体的版式风格，如严肃的学术著作、活泼的方法论书籍等，确保版式风格与内容相契合。

细节调整。对字体、字号、行距、页边距等排版细节提出建议和要求，使版面布局合理，便于读者阅读，同时符合图书的整体风格和出版规范。

图片处理审核。对书中使用的图片进行审核，确保图片的清晰度、色彩准确性以及与文字内容的搭配合理性，必要时提出修改或更换图片的意见。

3.印刷环节监督

选择印刷工艺。根据图书的特点和预算，与印刷厂商沟通，选择合适的印刷工艺和材料，如纸张的类型、克重，印刷的方式等，以保证印刷质量和效果。

质量把控。在印刷过程中，对印刷样稿进行审核，检查色彩是否准确、套印是否精准、有无印刷瑕疵等问题，及时提出改进意见，确保最终印刷成品的质量符合要求。

进度跟踪。与印刷厂商保持密切沟通，跟踪印刷进度，确保书籍能够按照预定的时间完成印刷和装订，不影响后续的发行和上市计划。

4.作者沟通

有的作者在书稿进入排版印刷阶段仍然不断地修改封面、调整内容等，并且固执己见。当然如果作者有好的设计理念可以提前和编辑沟通。在这个阶段，作者也要尊重编辑的意见，毕竟编辑从一本书的宏观角度去思考、去设计且具有专业性。如果反复修改调整，则有可能耽误书的整体进度，影响图书上市。

负责的编辑会和你及时沟通，做好各部门的协调工作。

金句分享

排版印刷体现了一本书编辑的协调性，作者的容忍度，设计师的创新力，印刷厂的规范化。

思维拓展

《让学习真正在课堂上发生》　作者：田俊国

书　　名：《让学习真正在课堂上发生》
作　　者：田俊国
出版时间：2022年08月
出 版 社：中国青年出版社
评论次数：1000+
重印次数：2次以上
发行情况：畅销书

1.选题定位

深入探讨新课堂标准改革中“课堂空转”的核心矛盾，关注从“知识传递”到“素养生成”转变中的实践断层。针对教师“教而不学”的普遍困境，提出“课堂学习有效性”的量化观测体系，实现了教学设计从理念到落地。

2. 书名凝练

“真正”二字形成批判性张力，揭露传统课堂“伪学习”现象；“发生”强调学习作为动态过程的生成属性，暗含“以学定教”的方法论转向。标题通过制造认知冲突，精准锁定教改深水区的探索者。

3. 目录设计

采用“三阶引擎”架构：动力层（认知觉醒）、传动层（策略系统）、输出层（效果验证）。下设“认知破冰—设计工具—情境改造—评估反哺”四大模块。

4. 结构逻辑

结构包括定义问题、提取原理、构建工具、组织实践、诊断案例和进化迭代。每章以典型课堂“病理切片”切入，通过“教学设计显微镜”解剖失效环节，最终输出“学习行为催化剂”。

5. 内容特点

开发课堂能量流动观测表、思维外显化脚手架等12项可视化工具；构建“四维干预系统”（任务驱动、认知冲突、社会建构、元认知唤醒）。

6. 营销发行

通过视频号直播和线上训练营进行产品发售。

第四章

打开发行之门：实现销量飙升

第一节　海报刊发

定义内涵

一本新书出版后，根据书籍的内容、风格、定位等，设计出具有视觉冲击力和吸引力的海报，通过多种渠道和方式向目标受众展示和传播，旨在宣传书籍并吸引读者购买和阅读。

具体内容

2022年新书出版发行共计19万种，其中销量破万的仅3064种，如果你的书实现10000册销售，便已跻身前1.5%。把好书卖好，是对好书的最高礼遇。

目前，每天都有新书出版，读者凭什么买你的书？

我们已经步入“剩书”时代，如果没有营销宣传，“酒香也怕巷子深”。

海报刊发是宣传一本书最直观的载体。

一本书出版发行后，海报刊发是很好一种宣传方式，能够将一本书的整体形象立体化展现出来。

一般情况下，一本书的海报刊发设计包括四种类型：专属海报、霸榜海报、销量海报和金句海报。

1. 专属海报

专属海报是指与一本书发行同时刊发，将一本书的核心元素和关键点提炼出来放到海报上，一目了然，直抓读者眼球，激发读者购买欲。

专属海报设计内容可以包括新书照片、作者形象照、作者简介、书籍核心内容、购买福利、购买方式等关键要素。

典型图书

《辅导员打造个人品牌IP实战指南》 作者：刘明耀

书　　名：《辅导员打造个人品牌IP实战指南》
作　　者：刘明耀
出 版 社：中国石化出版社
专属海报关键元素：
1.新书图片
2.个人形象照
3.作者简介
4.核心内容三句话
5.购买链接
6.团购联系方式
7.购买福利

《图说大学生活》 作者：尤长军

书　　名：《图说大学生活》
作　　者：尤长军
出 版 社：中国石化出版社
专属海报关键元素：
1.新书图片
2.个人形象照
3.作者简介
4.核心内容三句话
5.购买链接
6.团购联系方式
7.购买福利

专属海报设计应注意以下事项。

（1）新书图片。新书图片尽量要立体图片，不要平面照片，这样映入读者眼帘的是书籍立体感。

（2）个人照片。个人照片最好不放平时的生活照片或手机拍摄的照片，尽量放个人形象照，也不要放领导干部提拔公示的个人大头照。

（3）作者简介。作者简介要进一步凝练，不要长篇大论，通常三个左右核心关键词概括出来即可。

（4）核心内容。在专属海报中，需提炼新书最核心的内容，通常采用三句话概括即可，确保涵盖目标受众、触及痛点并提供实用方法。

（5）购买链接。新书上市一般都在当当网、京东网、淘宝网以及出版社官方网站发售。可选一个发售平台网站作为你的“主攻方向”，明确优先级，集中力量在“主攻方向”上。

（6）联系人。海报中的联系人可以是作者本人的个人联系方式，也可以是出版社发行部门的联系方式，根据海报设计和出版社进一步协商确定。通常团购会提供出版社发行部门的联系方式，以便出版社能为团购单位统一发货。

（7）购买福利。购买福利设计在海报上是进一步激发读者购买欲，提高新书发行量的一种重要的营销手段。

2.霸榜海报

霸榜海报是指基于当当网、京东网等平台的新书销售排名及热度设计的宣传海报。

本人以当当网为例对图书的销售排名、热度等进行介绍。

按照图书类别分类：一般可以分为小说、文学、经管、童书、教育、科技、生活、艺术、人文社科、励志与成功、考试教材等类别。

例如，《学工宝典：一名老辅导员的“实话实说”》《辅导员打造个人品牌IP实战指南》《手把手教你打造名师工作室》《图说大学生活》这四本书按照图书类别划分都归类在教育类别中。

按照新书销售热度分类：通常可以分为新书热卖榜、图书畅销榜、飙升榜、好评榜、图书热搜榜等。

例如，《手把手教你打造名师工作室》和《学工宝典：一名老辅导员的“实话实说”》这两本书在上市一个月内，分别荣登当当网新书热卖榜、教育畅销榜以及飙升榜的前三名。

按照销售时间分类：一般可以分为近24小时排行榜、近7天排行榜、近30天排行榜。

例如，《辅导员打造个人品牌IP实战指南》《学工宝典：一名老辅导员的“实话实说”》实现了连续30天在新书热卖榜排名第一。

典型图书

《辅导员打造个人品牌IP实战指南》 作者：刘明耀

书　　名：《辅导员打造个人品牌IP实战指南》
作　　者：刘明耀
出 版 社：中国石化出版社
霸榜海报关键元素：
1.排行榜截屏；
2.排行榜说明；
3.海报背景设计；
4.新书图片、书名等元素

《学工宝典：一名老辅导员的“实话实说”》 作者：杨庆实

书　　名：《学工宝典：一名老辅导员的“实话实说”》
作　　者：杨庆实
出 版 社：中国石化出版社
霸榜时间：30天
霸榜类型：新书热卖榜

霸榜海报设计应注意以下事项。

(1)排行榜截屏。新书上市后，作者要每天关注排行榜动态，一般情况下如当当网每天数据更新一次。各大网销平台每天上架新书很多，所以数据处于实时更新状态，要随时关注，随时截图保存，以用于对后期图书进行宣传。

(2)排行榜说明。海报设计中要说明该书在哪个类别哪个热度中排名第一。不能笼统说排行榜第一名，让读者误以为是总榜第一名，不要作虚假宣传。由于辅导员群体小，辅导员相关图书如果拿到某一个类别的第一名就已经很不错了。

(3)海报背景设计。通常霸榜海报的背景设计选用明亮、鲜艳的风格，如背景颜色设计为红色，则给人热烈，红红火火大卖的第一印象。

(4)新书图片、书名等元素。海报中可以放新书图片或者新书书名等元素。由于已有排行榜的截图，并且图片中包含新书图片，为了重点突出排行榜截图，通常仅放书籍名称即可。

3.销量海报

销量海报是指根据新书销售的完成数量或重印情况设计的海报。

销量海报一般是在销售完成了2000册、5000册、10000册或者第二次、第三次重印的时候进行设计，以此来宣传这本书销量情况好，影响力大，受读者欢迎。

典型图书

《手把手教你打造名师工作室》 作者：刘明耀

书　　名：《手把手教你打造名师工作室》
作　　者：刘明耀
出 版 社：中国石化出版社
数量海报关键元素：
1.销售数量
2.重印次数
3.书籍图片
4.购买链接

销量海报设计应注意以下事项。

（1）销售数量。在销量海报设计中，销售数量很重要，通常销量越高，越能体现图书的受欢迎程度。但即便销量较少，例如仅销售100册，合理设计销量海报仍能起到宣传作用。在短时间内销售数量大的图书，设计销量海报是一种有效的宣传手段。

（2）重印次数。辅导员相关的新书，每次重印册数不宜多，一般为2000册或3000册，每次重印时设计销售海报进行宣传，都会提升该书的热度，助力销售。

（3）相关图片。销量海报上要有图书封面，再一次给读者视觉冲击，深化读者感官印象。不建议销量海报中只写新书书名。

（4）购买链接。销量海报宣传能再一次激发读者的购买欲望，因此要在海报上标明购买链接和购买途径等信息。

4.金句海报

金句海报是指根据新书的内容提炼出一句金句进行海报设计。

金句通常简短有力，朗朗上口，结构整齐押韵，富有节奏感，能引发读者情感共鸣，直击痛点。因此金句海报使读者易于记忆并乐于分享，有利于图书的宣传发行。

典型图书

《辅导员打造个人品牌IP实战指南》 作者：刘明耀

书　　名：《辅导员打造个人品牌IP实战指南》

作　　者：刘明耀

出 版 社：中国石化出版社

金句海报关键元素：

1.海报背景

2.金句凝练

3.个人形象照片或书籍图片

4.购买链接

金句海报设计应注意以下事项。

（1）海报背景。金句海报的设计背景应有设计感，富有诗意或寓意，避免使用单一的颜色，与金句相呼应更易引起读者共鸣。

（2）金句凝练。浓缩的都是精华，金句必须经过提炼，打动人心，不能整段文字都放入海报设计中。

（3）个人形象照或书籍图片。个人形象照可以放入海报设计中，进一步凸显作者，也可以不放，但要放入书籍图片。

发行直通车

海报上最好放上购书二维码或者购书链接，以便读者通过海报产生兴趣时，可以一键点击跳转，直接下单购买。

海报中的二维码可以是当当网或京东网自营店的专属购买二维码，也可以是其他平台的购买二维码。

有的图书海报设计得很精美，转发率也很高，但没有购书链接，读者看完海报后不知道去哪里买。这种海报属于无效海报。

建议，专属海报宣传一定要与图书上架同步进行。

如果早于图书上架，读者看完海报买不到书，热度会消散！

如果晚于图书上架，海报就没有第一时间发挥出宣传作用，无效宣传！

建议，霸榜海报宣传一定要在图书登榜后进行。

如果没有实现打榜要求，则属于虚假宣传。

建议，销量海报宣传要在图书销售的关键时间点进行。

如果没有达到一定销售数量或者没有重印等关键节点，则没必要开展。

建议，金句海报刊发宜在第一轮销售完成之后进行。

在专属海报、霸榜海报和首次重印销量海报宣传完毕后，可以启动金句海报的宣传，从而保证图书热度的持续性。每天一张金句海报，“小火慢炖”。

金句分享

好的海报设计已经让你的书籍销售事半功倍。

思维拓展

《金课开发15讲》 作者：田俊国

书　　名：《金课开发15讲》
作　　者：田俊国
出版时间：2022年09月
出 版 社：电子工业出版社
评论次数：2000+
重印次数：3次以上
发行情况：畅销书

1.选题定位

本书聚焦教育从业者的核心痛点——课程开发质量提升，精准锁定职业教育、企业培训及高校教师群体。选题紧扣国家“金课”建设政策导向，呼应数字化时代教育创新需求。

2.书名凝练

“金课”反映政策热点与行业标杆概念，自带权威性与目标感；“15讲”体现内容模块化设计，暗示逻辑清晰、轻量易读。书名简洁有力，兼顾专业性与传播性，精准吸引目标读者。

3.目录设计

采用“总—分—总”框架：前3讲剖析课程本质与设计理念（认知层），中间10讲详细拆解开发全流程（方法论层），末2讲升华课程价值与迭代策略（战略层）。每讲标题均以“动词+核心价值”呈现。

4.结构逻辑

以建构主义为底层逻辑，形成“目标锚定—内容萃取—体验设计—效果验证”闭环体系，将复杂理论转化为可操作工具链，实现从认知升级到落地实操的平滑过渡。

5.内容特点

包含50多家企业的培训实例，附有20多个工具模板，介绍线上、线下结合课程设计，并提供短视频、直播等新媒介的开发策略。

6.营销发售

依托作者“田俊国”公众号及线上训练营，形成“书+课+社群”生态。

第二节　同行推荐

定义内涵

同行推荐是指在书籍上市前，作者邀请有影响力的同行为其撰写推荐语或作序，以提高图书的影响力，助力新书的销售。

具体内容

同行推荐利用“社会证明”心理，是宣传一本书的口碑传播方式。

同行推荐一般分为专家推荐、大咖推荐、领导推荐和专业人士推荐等，推荐者的专业身份能为书籍增添可信度。

专家推荐是指在行业内具有权威性、高荣誉的人对新书进行推荐。一般写推荐语或推荐序。

例如，《种子花开：雷锋式大学生成长手册》这本书就邀请了“时代楷模”曲建武老师写的推荐序。

典型图书

《种子花开：雷锋式大学生成长手册》　作者：孔祥慧 等

书　　名：《种子花开：雷锋式大学生成长手册》
作　　者：孔祥慧 等
出 版 社：中国石化出版社
同行推荐：时代楷模
推荐形式：专家作序

大咖推荐是指由在行业内具有一定影响力并获得国家级荣誉的人士对新书所作的推荐。

例如，《学工宝典：一名老辅导员的“实话实说”》这本书邀请了“时代楷模”曲建武老师、十一位全国辅导员年度人物以及全国最美辅导员为这本书写推荐语。

典型图书

《学工宝典：一名老辅导员的“实话实说”》 作者：杨庆实

书　　名：	《学工宝典：一名老辅导员的“实话实说”》
作　　者：	杨庆实
出 版 社：	中国石化出版社
同行推荐：	时代楷模、全国最美辅导员、全国辅导员年度人物
推荐形式：	写推荐语

领导推荐一般是指学校书记、校长等领导为新书写推荐序或推荐语。也凸显了对学校思想政治教育的重视。

例如，《洞见大学》这本书就是由学校领导写的推荐序。

典型图书

《洞见大学》 作者：朱应开

书　　名：《洞见大学》
作　　者：朱应开
出 版 社：厦门大学出版社
同行推荐：学校领导
推荐形式：领导作序

专业人士推荐是指邀请具备相关专业知识的人为新书撰写推荐语或推荐序，一般是指书籍内容具有专业性，和专业人士有关联。

例如，《新时代校园学生危机管理指导与实践》这本书邀请了两名律师对该书进行了推荐。两名律师从法律的角度对危机事件进行了整体把控。

典型图书

《新时代校园学生危机管理指导与实践》 作者：刘明耀

书　　名：《新时代校园学生危机管理指导与实践》
作　　者：刘明耀
出 版 社：辽宁大学出版社
同行推荐：律师、全国辅导员年度人物
推荐形式：写推荐语

发行直通车

在邀请专家、大咖或领导进行推荐时，你可以自己先撰写一段推荐语，或准备好“推荐素材”（含本书大纲、样章、亮点及读者试读反馈等），让对方快速判断本书的价值。这有助于提高成功率和效率。

当然有的专家、大咖委婉拒绝推荐。这种情况作者不要死缠烂打，继续表示感谢即可！如果我们的书上架后，市场反馈好，可在图书发行一段时间后向其发送图书销售动态数据，再一次发出邀请。在推荐语中不得使用“最权威”“唯一”等绝对化用语，避免给推荐人带来法律风险。

金句分享

推荐语或推荐序是对一本书最好的权威背书和信任背书。

思维拓展

《从零开始学写作》 作者：杨晓菁

书　　名：《从零开始学写作》
作　　者：杨晓菁
出版时间：2020年10月
出 版 社：中国友谊出版公司
评论次数：5万+
重印次数：5次以上
发行情况：爆款书

1.选题定位

精准锁定零基础群体，解决“不敢写、不会写”的痛点。以学生、职场新人、自媒体创作者为目标用户，满足个人成长、职场提升及新媒体内容创作需求，兼具实用性与普适性。

2.书名凝练

直击目标人群，关键词“从零开始”降低心理门槛，强调“学写作”的核心功能。对比同类书籍，书名简洁有力，弱化理论感，突出实操性，易吸引潜在读者。

3.目录设计

遵循“思维—素材—结构—应用”逻辑链，目录层次清晰，覆盖写作全流程，章节末尾附练习巩固知识点。

4.结构逻辑

采用“总分式”进阶结构，认知重塑+方法输入+场景输出。每章以“理论+案例+练习”闭环设计，确保学以致用。

5.内容特点

引入思维导图、九宫格素材法等工具，提升效率；提供议论文“金字塔结构”、故事创作“冲突模型”等模板，降低操作难度。

6.营销发售

以电商平台为主，搭配写作社群、知识付费平台推广；通过作者自媒体发布“写作干货”引流。与作者同名课程捆绑销售，形成“书+课+社群”生态，增强用户黏性。

第三节　专人购买

定义内涵

专人购买是指作者发动自己的亲朋好友进行购买。专人购买不是为了扩大销量，而是为了冲击排行榜。

具体内容

专人购买是冲击新书排行榜的最快路径。

专人购买包括亲朋好友、匀速购买、留言点评三个关键点。

1.亲朋好友

一本书出版发行，这是“全家”的大事件、“全族”的大事件，“全村”的大事件，所以亲朋好友是这本书的铁杆粉丝。

亲朋好友包括作者的家人、作者的朋友、作者的同学等。

这批亲朋好友是新书上市冲击当当网、京东网新书排行榜的第一批“主攻团”。

如果你发动你的家人，七大姑八大姨，预计40人。

如果你发动你的朋友，铁哥们好姐们，预计20人。

如果你发动你的同学，同寝室亲同学，预计20人。

这样，你手里共计约有80人的大队伍可以进行排兵布阵！

这80人要集中火力，采取围城战略，主攻当当网或京东网！

当然，不是要求这80人全部购买新书，而是要冲击排行榜。

2.匀速购买

新书作者在冲击排行榜的时候一定要采取匀速购买的方式进行主攻。

在匀速购买中要注意以下几点：

这80人不能一次性完成购买；

这80人不能集中一天进行购买；

这80人不能同时一人一次购买多本。

在匀速购买中要采取如下战略：

把80人平均分成8个小分队，每个小分队10人。每天安排1个小分队，也就是10人购买书籍，每人每天仅购买1本。如此一来，每天能确保新书销量稳定在10本以上，实现连续8天的专人购买。

8天过后，开启第二轮购买。从第九天开始，第一轮的第一个小分队再次每人购买1本，后续各小分队按第一轮顺序依次跟进。

按照此规律，持续进行3~5轮购买。

这样既能保持匀速购买，又不会给亲朋好友造成过大的经济压力，每人累计购买3~5本即可。这种保持匀速购买的方式，可实现冲击排行榜目标。

一旦成功登顶某一个排行榜首位，达成目标，我们可停止购买行动。

3.留言点评

留言点评也是新书排行榜的参考指标。

很多读者在购买图书的时候会参考留言点评，通过留言点评数量来确定这本书是否是畅销书。

留言评价得越多，证明这本书销售得越好。

所以作者手里这80人是留言点评的主力部队。他们在购买书籍的过程中，一定要进行留言点评。只有购买书籍，签收后才有资格进行留言点评。如果不购买书籍，无法进行留言点评。

在留言点评的过程中要注意：

不要使用小手👍赞、赞、赞；

尽量要用文字来进行留言评价；

配以图书的实物图片效果更佳；

留言不宜长篇大论，简洁到位即可！

典型图书

《辅导员打造个人品牌IP实战指南》 作者：刘明耀

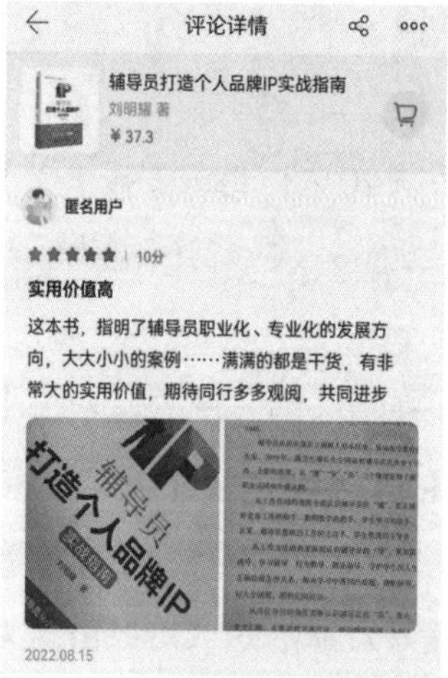

发行直通车

新书出版后，在当当网、京东网、淘宝、天猫等各大平台的线上书店同时进行发行，让你看得眼花缭乱，不知道从哪个网络书店选择购买。

让亲朋好友购买图书打榜时一定要注意：

新书排行榜只在当当网、京东网自营店中才能进行。其他店铺不进行排名。

所以，你的主攻方向要选对，要让亲朋好友在当当网、京东网的自营店中进行购买，不能进入当当网、京东网随意下单购买，那属于无效进攻！

金句分享

新书上市冲击排行榜就是一场没有硝烟的“战斗”，作者作为指挥官，要思路清晰、方向明确、指挥得当、知己知彼、运筹帷幄，这样才能取得“战斗”的胜利。

思维拓展

《秒懂AI写作：让你轻松成为写作高手》 作者：秋叶 等

书　　名：《秒懂AI写作：让你轻松成为写作高手》
作　　者：秋叶 等
出版时间：2023年06月
出 版 社：人民邮电出版社
评论次数：1082条
重印次数：3次以上
发行情况：畅销书

1.选题定位

聚焦AI技术赋能写作的垂直赛道，瞄准“效率焦虑”痛点。以自媒体创作者、职场白领、学生等急需提升内容产效的群体为核心用户，紧贴AI工具普及趋势，强调“降本增效”，兼具前沿性与实用性。

2.书名凝练

“秒懂”强化即时获得感，降低技术学习压力；“AI写作”直击热点风口，精准锁定目标人群。书名以短平快风格传递“零门槛掌握AI写作工具”的核心价值，与同类书籍形成差异化。

3.目录设计

采用“工具—场景—提效”三维架构：基础篇+场景篇+进阶篇+避坑指南。目录突出“即学即用”，每章附带工具截图、指令模板及案例对比。

4.结构逻辑

遵循“认知—实操—精进”递进式框架：工具扫盲+场景拆解+效能升级。章节内嵌“问题导入—操作演示—效果对比”链条，强化实用性。

5.内容特点

指令公式化，提炼“场景+角色+框架+风格”标准化指令结构，降低操作门槛；案例可视化，通过AI生成内容与原稿对比表格，直观展现优化路径。

6.营销发行

在知乎、B站等平台发布“AI写作神器实操”短视频引流；通过“AI指令模板库”等福利吸引用户加入作者私域社群；与作者旗下《AI办公课》形成矩阵，提供“书+课程+工具包”组合产品。

第四节　平台推广

定义内涵

平台推广是指依托在线网络平台开展宣传营销和推广书籍产品的一种策略方式。

具体内容

平台推广是发行一本书最有效的营销方式。

平台推广主要包括在新浪微博、微信公众号、小红书、抖音、知乎、喜马拉雅等在线平台上进行推广。

多平台如果同时进行宣传推广，那么这本书的影响力将进一步扩大。

1.新浪微博平台推广

话题引爆+社交裂变，制造热搜话题，利用互动玩法驱动传播。新浪微博推广可以采取以下几种方式进行：

设置话题矩阵：主话题，#书名#（例：#时间陷阱#）。

衍生话题：#书中金句墙#（图文晒书摘）、#如果我是书中主角#。

2.微信公众号平台推广

深度内容渗透，通过系列化内容建立读者情感共鸣。微信公众号推广可以采取以下几种方式进行：

创作手记连载：每周1篇作者创作的幕后故事。

书中人设档案：用MBTI人格测试解读书中角色（附角色关系图）。

章节盲盒：粉丝回复关键词随机获取未公开段落。

书友共创：征集读者续写结局，优秀作品集结成电子册。

社群运营：基础群（书摘打卡）+ VIP群（作者答疑+周边抽奖）。

实体书开箱视频：展示独家赠品（手写信/书签）。

3.小红书平台推广

场景化种草，将读书行为融入生活方式。小红书推广可以采取以下几种方式进行：

书中场景还原：作者按书中描写布置同款书桌或穿搭。

金句拍摄展示：提供9宫格构图指南（书+咖啡/夕阳/地铁等场景）。

读书手账教程：展示如何用书中元素制作视觉笔记。

4.抖音平台推广

碎片化内容攻心，用强冲突片段引发读者追剧式期待。抖音平台推广可以采取以下几种方式进行：

书中高能15s：截取最具张力的情节片段。

人物卡点混剪：用热门BGM剪辑角色高光时刻。

发布时段：晚8~10点（黄金时段）+ 早7~9点（通勤碎片时间）。

直播策略：作者连麦读者进行对话。

5.知乎平台推广

权威背书构建，通过专业讨论提升可信度。知乎平台推广可以采取以下几种方式进行：

书中知识体系：将书内理论整理成思维导图。

争议点讨论：主动提问，如何评价书中××观点的局限性？

知乎圆桌会议：设置“如何理解××现象”主题，引用书中观点。

6.喜马拉雅平台推广

沉浸式体验，用声音场景延长阅读生命周期 。喜马拉雅平台推广可以采取以下几种方式进行：

作者电台：录制20期创作心路音频（每期10min）。

睡前伴读：制作ASMR版书中宁静场景（雨夜读书声+翻页音效）。

听书打卡：连续听7天可解锁未公开内容。

发行直通车

一本书六大平台推广具体策略

时间段	微博	微信公众号	小红书	抖音	知乎	喜马拉雅
预热期	话题投票	创作手记	场景剧透	悬念视频	专业提问	角色声音预告
爆发期	热搜冲刺	限时福利	爆款种草	直播卖书	圆桌讨论	有声书
长尾期	二创大赛	读者投稿	书单合集	知识点切片	争议运营	彩蛋更新

通过六大平台推广，在预热期、爆发期、长尾期三个时期内可实现单平台引爆→跨平台共振→长尾内容沉淀的完整链路。

金句分享

平台在手，发行无忧。

思维拓展

《我的二本学生》 作者：黄灯

书　　名：《我的二本学生》

作　　者：黄灯

出版时间：2020年08月

出 版 社：人民文学出版社

评论条数：3.5万+条

重印次数：26次

发行情况：爆款书

1.选题定位

本书聚焦中国高等教育中占比最大却长期被忽视的群体——二本学生。作者黄灯以高校教师身份切入，通过记录学生成长轨迹与社会境遇，揭示普通青年在阶层固化、教育内卷下的真实困境，兼具社会学价值与现实关怀，呼应了公众对教育公平与代际流动的焦虑。

2.书名凝练

书名以“我的”强化亲历者视角，凸显叙事真实性；“二本学生”直击核心群体，简洁精准地传递出边缘性特征。标题摒弃学术术语，用平实语言建立情感共鸣，既具辨识度又引发群体归属感，精准锁定目标读者。

3.目录设计

目录以“个体—群体—社会”逻辑展开，分三部分：第一部分以学生个案呈现生存状态；第二部分分析二本院校的教育困境；第三部分探讨社会结构对个体的挤压。章节标题多采用具象化表述，增强场景感与代入感。

4.结构逻辑

采用“微观叙事+宏观分析”的双线结构。前半部通过田野调查式记录，展现学生求学、就业、婚恋等细节；后半部引入教育体制批判与阶层流动研究，将个体命运置于时代背景下，形成“故事—数据—理论”的论证闭环，强化说服力。

5.内容特点

大量一手访谈与跟踪记录，呈现鲜活的青年群像；作者以“介入者”身份反思教育者的局限，消解冰冷的数据叙事；记录城镇化、互联网对小镇青年的重塑过程，具历史档案意义。

6.营销发售

精准定位教育话题热度期（如高考季、就业季）投放；利用作者高校教师身份强化权威性，在高校举办读书会形成垂直传播；短视频平台提炼“二本逆袭”“小镇青年”等话题词，引发共鸣式传播。

第五节　书评分享

定义内涵

书评分享是指在阅读书籍后，将自己对书籍的理解、感悟、评价等内容，通过文字、语音、视频等形式传达给他人的一种交流活动。

具体内容

书评分享是扩大一本书影响力的内涵载体。

书评是一种常见的营销载体和宣传方式。一个书评有两个基本元素：是什么、怎么样。二者缺一不可。缺少任何一项，都不能成为书评。

“是什么”包括：

（1）介绍内容。这是一本什么样的书，如它的内容概述、写作背景等。

（2）介绍作者。作者是一个什么样的人，他怎样写出了这本书，他的创作理念、他的经历对这本书的影响。

“怎么样”包括：

（1）评论。以客观、理性、公正的评论性文字为特点。

（2）共情。这本书哪些地方与你的生活体验发生了共鸣，让你喜悦、感动、深思。

书评的结构是倒金字塔结构。

第一段，高度概括。××的《××××××××》是一本什么样的书。100~200字。

第二段，内容概述。介绍这本书的主要内容。200~300字。

第三段。介绍作者。作者写作时的情形，以及与其他书的对比。

对于辅导员书籍，书评分享包括一线辅导员分享、学生处处长等领导分享、大咖辅导员分享。

1.一线辅导员书评分享

在很多一线辅导员读者买书阅读后，可以邀请他们进行书评分享。或者新书上市之前，把图书样书发给辅导员，邀请他们试读后写书评。

让一线辅导员分享辅导员所写的书籍，对于辅导员读者来说更有可信度。

典型图书

《学工宝典：一名老辅导员的“实话实说”》 作者：杨庆实

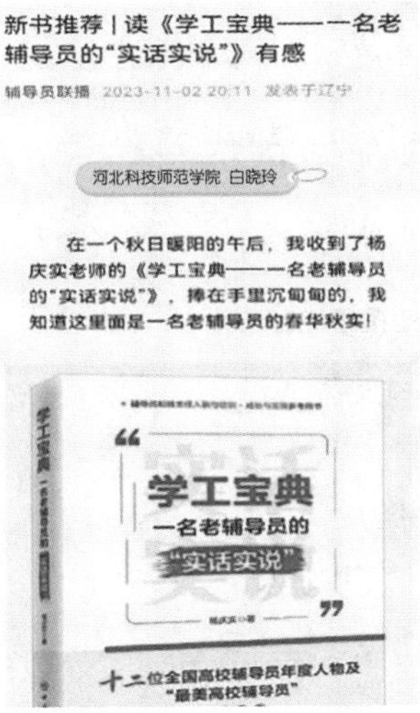

书　　名：《学工宝典：一名老辅导员的“实话实说”》
作　　者：杨庆实
出 版 社：中国石化出版社
书评分享：河北科技师范学院白晓玲

2.学生处处长等领导书评分享

新书出版上市后，作者可以主动向学生处处长等领导赠送书籍，一是可以让学生处处长等领导提出指导意见，二是更好地宣传这本书。

如果领导阅读后感觉此书对辅导员成长有帮助，可能为全校辅导员进行团购订阅。

例如，来自厦门海洋职业技术学院学工部副部长陈锟创建了一个“只是读书人”的微信公众号。他自费购买各种新上市的书籍，通过阅读后给予书评分享。该公众号在全国具有一定的影响力。

典型图书

《新媒体时代高校学生干部工作指导》《班会课怎么上才有效？》

《奔跑吧，青春：一个大学辅导员的工作日志》
《与大学生谈心：谈谈我们的信仰与现实》

公 众 号： 只是读书人
运 营 人： 厦门海洋职业技术学院陈锟
品牌栏目： 陈导读书
书评分享： 对每一本书进行精细化阅读，融入自己的观点进行分享

3.大咖辅导员书评分享

作者新书上市后，可以邀请自己熟悉的全国最美辅导员、全国辅导员年度人物、博士辅导员等进行书评分享。

例如，本人的《手把手教你打造名师工作室》这本书邀请了职业生涯规划专家彭容容博士撰写了书评分享；《新时代校园学生危机管理指导与实践》这本书邀请了全国最美辅导员以及全国辅导员年度人物李萌、刘国权、饶先发、马军、孔祥慧等大咖辅导员撰写了书评分享。

典型图书

《手把手教你打造名师工作室》 作者：刘明耀

新书上市‖愿以微光照亮途——《手把手教你建设名师工作室》书评

辅导员联播 2024年11月08日 09:26 辽宁

听全文

/新书推荐/

New book recommendations

刘明耀老师是学生管理工作品牌化的先行者，是辅导员自我赋能的积极推动者，也是广大辅导员背后的辅导员。尽管他谦逊地自称为“草根辅导员”，但这丝毫未减损他赋予无数在广阔育人天地中辛勤劳作的、怀揣教育梦想的辅导员们以力量。我想，在时代浪潮的翻涌中，每一位怀揣梦想的航行者，都渴望在未知的旅途中找到一位领航员，那

书　　名：《手把手教你打造名师工作室》

作　　者：刘明耀

出版时间：2024年10月

出 版 社：中国石化出版社

重印次数：2次

书评分享：彭容容博士

发行直通车

书评与留言点评是两种常见的对图书的评价形式，但它们的目的、形式、深度和受众存在显著差异。以下是两者的主要区别：

1.目的与定位

书评主要侧重对书籍内容、主题、结构、写作技巧、作者意图等的系统性分析，常带有学术性或文学性视角。书评可能结合社会背景、文化现象或同类作品对比，挖掘书籍的深层意义或批判其局限性。为读者提供阅读参考。

留言点评属于即时反馈，表达个人阅读后的直观感受（如喜欢、失望、感动等），无须深入分析。留言点评常见于电商平台、社交媒体，注重互动性（如点赞、回复）。

2.内容与结构

书评具有结构化，通常有明确的逻辑框架，如引言、论点展开、结论，可能引用书中原文或相关理论；篇幅较长，从千字到上万字不等。

留言点评属于碎片化，多为几句话或一个段落，无固定结构，语言口语化；

字数较少，适合快速阅读。

3.受众与传播

书评是面向对图书主题感兴趣或有一定知识背景的读者，如文学爱好者、研究者。

留言点评面向的是普通消费者，尤其是需要快速判断是否购买或阅读的人群。

书评分享像一篇“论文”或“纪录片”，追求深度与启发性；

留言点评像一条“朋友圈”或“弹幕”，追求即时性与共鸣感。

金句分享

如果想内涵式推广宣传图书，要作书评分享；

如果想快速证明图书销量好，要作留言点评。

思维拓展

《化书成课》 作者：袁茹锦

书　　名：《化书成课》
作　　者：袁茹锦
出版时间：2020年11月
出 版 社：清华大学出版社
评论条数：10000条
重印次数：10次
发行情况：畅销书

1.选题定位

瞄准教育从业者、企业培训师及知识IP创作者的深层需求，解决“知识输入多但课程输出难”的痛点。以“知识迁移—课程开发—成果转化”为主线，定位精准，实操性强。

2.书名凝练

四字书名直击本质，“化”字动态呈现知识重构过程，“成课”点明交付成果，简洁有力。既传递“将书籍拆解为课程”的核心功能，又暗含知识升维的深层价值，易引发目标读者共鸣。

3.目录设计

采用“认知—方法—应用”三层递进结构：前两章破除思维误区，中间三章详解课程开发四步法（目标锚定、逻辑重塑、互动设计、效果评估），末章辅以跨行业案例库。章节间设置工具模板页，强化实用性。

4.结构逻辑

以“ADDIE模型”为暗线：分析（需求诊断）→设计（框架搭建）→开发（内容萃取）→实施（教学策略）→评估（效果迭代）。每章嵌入“问题卡—工具卡—案例卡”，形成闭环学习路径，符合成人学习认知规律。

5.内容特点

独创“知识晶体化”理论，提出“三棱镜拆书法”（知识萃取、场景适配、情感联结），实现“即学即用”。

6.营销发售

线上以教育类平台为主阵地，通过“21天课程开发训练营”实现用户沉淀；线下联合行业协会举办版权课认证。

第六节　福利赠送

定义内涵

福利赠送是指新书上市后，为了增加新书的吸引力，提升读者购买率，或回馈读者，为读者赠送的附加产品。

具体内容

福利赠送是吸引读者购买的最有效方式之一。

福利赠送一般包括购书赠送PPT福利、购书赠送课程福利、购书赠送虚拟资源福利、购书赠送实物赠品福利。

赠送PPT福利是指读者购书后，作者可以向读者赠送涉及新书相关内容的PPT。

作者可以把新书的相关内容提炼出来分类做成PPT，同时把新书专属海报放入PPT中，每个PPT 15~20页即可，形成PPT裂变效应。

PPT分为前言PPT、推荐人PPT、分章节PPT。

例如，本人的《手把手教你打造名师工作室》这本书2024年10月上市时，根据书籍内容凝练出15个问题，这些问题都属于工作室建设过程中遇到的痛点问题，然后以问题的形式做成PPT，形成了“《手把手教你打造名师工作室》热点十五问”，进行裂变式扩散，提高了新书购买率。

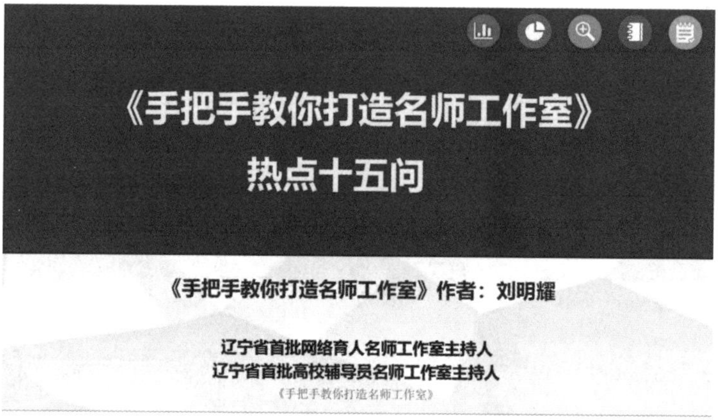

赠送课程福利是指读者购书后，作者可以向读者赠送涉及新书相关内容的一场课程讲座。

课程福利一般是针对团购学校进行赠送。课程讲座一般设计为一个小时左右。线上进行即可。对于学校而言，既团购了书籍，又邀请作者进行了一场讲座，培训了辅导员。两全其美。

赠送虚拟资源福利是指读者购书后，作者可以向读者赠送书相关的电子虚拟资源。

虚拟资源福利一般要求级别高一些，影响力大一些，如最好是省级、国家级的相关材料或者实用工具表格等。例如，可以赠送国家级课题申报书电子版、国家级样板党支部申报书电子版、国家级或省级辅导员名师工作室申报书电子版等。

赠送实物赠品福利是指读者购书后，作者可以向读者赠送相关实物产品。

实物产品一般包括签名版书籍、书签、明信片、剧本杀等。

福利赠送也要按照读者购买数量分阶梯进行。

一般按照以下的数量阶梯进行赠送，例如：

购买100册图书以上者，赠送课程讲座1场；享受×折优惠。

购买50册图书以上者，赠送教育部辅导员专项申报书1份；全国党建工作样板党支部申报书1份；省级辅导员名师工作室申报书1份；学生党员发展成长手册1份。

购买10册图书以下者，赠送图书籍内容PPT 2个；书签1套。

典型图书

《学工宝典：一名老辅导员的“实话实说”》 作者：杨庆实

限时买赠

凡购买此书并分享海报至朋友圈者，赠送以下任一福利；凡一次性购买5本以上者，赠送以下两大福利；凡一次性购买10本以上或在图书电商平台、个人自媒体平台发布300字以上书评者，赠送以下三大福利；凡一次性购买50本以上者，赠送以下五大福利，并享受7.5折优惠。

- 教育部人文社科项目（辅导员专项）申报书一份
- 全国党建工作样板党支部申报书两份
- 省级辅导员名师工作室申报书两份
- 全国党建工作样板党支部结项成果一份
- 学生党员发展成长手册、班级学生学业及成长规划手册各一份

福利领取联系人 吕芳蕾 19537536182（微信同号）

书　　名：《学工宝典：一名老辅导员的“实话实说”》

作　　者：杨庆实

出 版 社：中国石化出版社

福利赠送：辅导员专项申报书、省级辅导员名师工作室申报书、全国党建工作样板党支部结项成果、学生党员发展成长手册、班级学生学业及成长规划手册

《辅导员打造个人品牌IP实战指南》 作者：刘明耀

书　　名：《辅导员打造个人品牌IP实战指南》
作　　者：刘明耀
出 版 社：中国石化出版社
福利赠送：主题班会手册、学生管理方案预案、省级辅导员名师工作室申报书、省级课题立项申报书

发行直通车

作者新书上市后进行福利赠送时，要进行费用预算，控制成本，要做到赠品预算成本低但有吸引力。

无论是实物赠品还是虚拟赠品，都需要作者和出版社一起投入金钱或者时间精力。

实物赠品需要成本投入。例如签名版、书签、明信片，这些赠品需要印刷费、制作费、邮寄费。

虚拟赠品需要时间投入。例如线上讲座、一对一咨询。但虚拟赠品可以增加互动。

赠送的方式也需要设置门槛。例如限时赠送、限量赠送，这样能够促进新书快速发行。

例如前100名购买者赠送签名版书籍，或者参与抽奖，增加读者参与感。

福利赠送一定要放在海报刊发中，和专属海报同步进行设计宣传。专属海报福利赠送设计要清晰，作为卖点吸引眼球，激发读者购买欲望。

福利赠送设计包括赠品种类、获取条件、时间限制、获取方式、后续互动。每个方面都要考虑成本、吸引力、可行性以及与书的关联性。同时结合限时、限量、阶梯式奖励等方式，最大化促进新书销售和读者满意度。

金句分享

为了促进新书上市热销，需要作者把自己的“家底”都拿出来！

思维拓展

《从青铜到王者》 作者：殷振洋

书　　名：《从青铜到王者》

作　　者：殷振洋

出版时间：2022年03月

出 版 社：教育科学出版社有限公司

评论条数：23000条

1.选题定位

聚焦中学生及青年群体，瞄准“学习力薄弱—成长目标模糊—行动力缺失”的共性痛点。以“认知升级—方法迭代—习惯养成”为逻辑链，兼具教育工具书与成长激励属性。

2.书名凝练

借用游戏段位隐喻构建认知锚点，“青铜”暗喻初始状态，“王者”指向终极目标。书名既暗示阶梯式成长路径，又传递逆袭叙事张力，降低目标读者心理距离，兼具传播力与场景联想度。

3.目录设计

采用“三维矩阵式”架构：

纵向维度。按能力等级分层（青铜→白银→黄金→铂金→王者），模拟游戏晋级机制。

横向维度。覆盖“目标管理、时间规划、思维训练、情绪调控、社交赋能”五大模块。

交互维度。每章嵌入“段位自测表—闯关任务卡—成就勋章墙”，强化沉浸式学习体验。

4.结构逻辑

以“GROW模型”为底层框架：Goal（目标设定），解析自我认知偏差；Reality（现状诊断），通过21项能力雷达图定位短板；Options（策略选择），提供“学习加速器”“习惯脚手架”等工具包；Will（行动强化），设计“100天王者挑战计划”。

5.内容特点

游戏化设计，将PDCA循环重构为“打怪升级”任务链，关键知识点转化为“技能卡”；双案例驱动，每章配置“学霸档案”（正向示范）与“逆袭日记”（问题拆解）；

6.营销发售

打造“王者养成计划”打卡社群，通过B站/小红书分发引流；通过公众号进行营销。

第七节　直播带书

定义内涵

直播带书是指通过深度讲解，让读者更好地了解新书。通过在抖音、视频号等平台上进行直播，不断提升新书曝光度，向观众推荐作者新书，激发读者的阅读兴趣，提高图书的销售量。

具体内容

直播带书是销售一本书的最好平台。

在直播过程中，可以展示新书的外观、材质、设计特点等，分享书的创作过程，故事、本书的内容和价值，让读者能够更深入地了解写书背后的故事和本书的独特之处，和读者产生情感共鸣。

此外，结合直播内容，还可以开展互动抽奖、优惠买赠或限时促销，增加直播的趣味性和吸引力。

直播带书要注意以下细节：

提前做好准备。准备好图书的介绍资料，包括作者背景、图书内容、亮点特色等。

搭建直播场景。布置一个充满书香气息的背景，摆放作者的图书，形成立体化书籍背景。

准备直播设备。如摄像头、麦克风、灯光等，确保直播画面清晰、声音清晰。

提前做好宣传。在社交媒体平台上进行宣传，发布直播预告，吸引更多观众。

在介绍作者的图书时，展示图书的封面、目录、精彩段落等，生动地讲述图书的内容和价值。同时分享自己的阅读心得和体会，引发观众的共鸣。

直播带书过程中一定要有互动环节，随时回答观众在弹幕中提出的问题，与观众进行互动交流。开展一些互动活动，如提问抢答、抽奖等，增加观众的参与度。

不能在直播过程中一味读文字或者念PPT稿。直播带书不是线上讲课讲书！

直播带书过程中要随时进行购买引导，介绍直播间的优惠活动，如折扣、满减、赠品等。提供购买链接和购买方式，引导观众下单购买。

典型图书

《教学高手——AI时代怎么教》 作者：崔佳 谢麟

书　　名：《教学高手——AI时代怎么教》
作　　者：崔佳　谢麟
出版时间：2025年02月
出 版 社：人民邮电出版社
直播平台：视频号
直播目标：新书上市，直播带书
直播人员：新书作者

直播带书既可以安排他人进行直播，也可以作者本人亲自直播；可以每天进行直播，也可以定期进行直播；可以访谈式直播，也可以介绍式直播。

发行直通车

直播带书重点是直播的内容，通过直播内容吸引观众进入直播间，留在直播间，并在直播间下单购买。

直播书籍内容并不是把新书所有的内容都讲出来。

直播内容要体现方法论+故事性+核心点!

直播的重点内容应该是：

这本书能为大家带来哪些方法；

这本书从0到1背后育人故事；

这本书包含了具体核心的观点。

直播过程中要给人一种“犹抱琵琶半遮面”的感觉，让读者认为只有购买书籍阅读完才能“方识庐山真面目”。

直播不是为了卖书，所以直播要有内容有方法!

直播就是为了卖书，所以直播要有互动有引流!

金句分享

直播间里逛书海，一本好书启新程。直播带书，让你刷的不是屏幕，而是知识的更新速度!

思维拓展

《校园里的有效沟通》 作者：崔佳

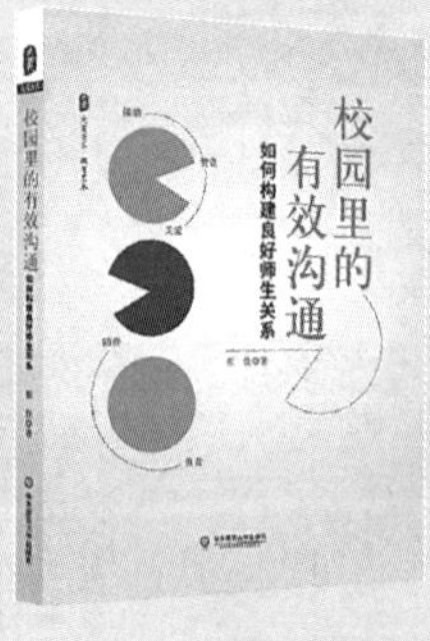

书　　名：《校园里的有效沟通》
作　　者：崔佳
出版时间：2022年06月
出 版 社：华东师范大学出版社
评论条数：741条
重印次数：8次
发行情况：畅销书

1.选题定位

作者崔佳基于校园场景，针对师生、家校、教师间沟通低效问题，提出系统性解决方案。选题既符合教育工作者实际需求，又契合新课改背景下“育人能力提升”趋势，兼具实用性与时代性。

2.书名凝练

采用“场景+价值”组合模式。“校园里”明确目标群体，划定应用场域；“有效沟通”直击核心诉求，突出方法论属性。名称简洁有力，便于目标读者快速识别价值。

3.目录设计

采用模块化递进结构。全书分为沟通认知、场景应用、技术方法、案例解析四大模块，从理论到实践层层深入。

4.结构逻辑

遵循“问题—方法—案例”闭环。每章从真实校园矛盾切入，通过心理学原理解析成因，再提供具体话术、流程、工具，最后辅以正反案例对比，形成可复用的方法论体系。

5.内容特点

一是场景颗粒度细，覆盖课堂管理、家访、教研会等20余种典型情境；二是工具可视化，包含沟通模板、自查清单等16类实用工具；三是案例本土化，素材均源于国内中小学真实事件，增强代入感。

6.营销发售

依托教育类出版社渠道，主攻教师培训市场，通过教育类公众号、名师直播课进行内容裂变。

第八节　现场发布

定义内涵

现场发布是指新书上市后，作者通过线上平台或线下空间，围绕自己的新书所举办的公开活动。

具体内容

现场发布是宣传一本书的最佳选择。

在现场发布活动中，通过作者分享创作故事、演讲、互动交流等形式，向媒体、读者等目标受众全方位展示新书的内容、特色、价值等，激发读者阅读兴趣，促进图书传播销售。

辅导员图书现场发布活动，并不适合在社会书店、公共图书馆、文化馆等大型场地开展，可以通过去校园现场赠书、现场共读、现场讲座或线上发布等形式开展。

典型图书

《100个大学生青春梦》 新书发布暨签售会

《守正创新》新书发布会

现场赠书是指在校园中开展的赠书活动，图书作者将自己的新书赠送给学生或辅导员，或者由学校统一团购，图书作者在现场开展发放仪式。

现场共读是指在校园中和辅导员或学生共读作者新书。图书作者与全体人员共读一本书，产生共情，达到宣传的效果。

现场讲座是指学校统一团购图书后，图书作者为全体辅导员开展一场关于图书内容的讲座。

典型图书

《辅导员打造个人品牌IP实战指南》赠书仪式

《新时代校园学生危机管理指导与实践》共读活动

一般情况下，针对团购100册以上的学校，图书作者可以把现场赠书、现场共读、现场讲座整合在一起，三个项目同一时间段完成，这样可以节约成本。

例如，《辅导员出版指南》这本书出版上市后要在团购100册以上的高校开展现场发布活动。

为团购100册以上的学校带来：

（1）一场个人新书上市的发布会；

（2）一场“用写书思维助力辅导员成果思维”现场讲座；

（3）一次现场为高校辅导员赠送作者签名版的图书活动；

（4）一年内为学生处出版书籍进行整体策划、设计。

通过以上现场活动扩大新书影响力，促进上市新书销售，提升学校整体团购率。

线上发布是指图书作者在新书上市后，为了扩大宣传营销，通过线上平台开展的发布活动。

线上发布成本低、好协调、传播快。天南海北的人都能聚在一起，线上发布是新书最行之有效的宣传营销形式。

典型图书

《学工宝典：一名老辅导员的“实话实说”》新书线上发布仪式

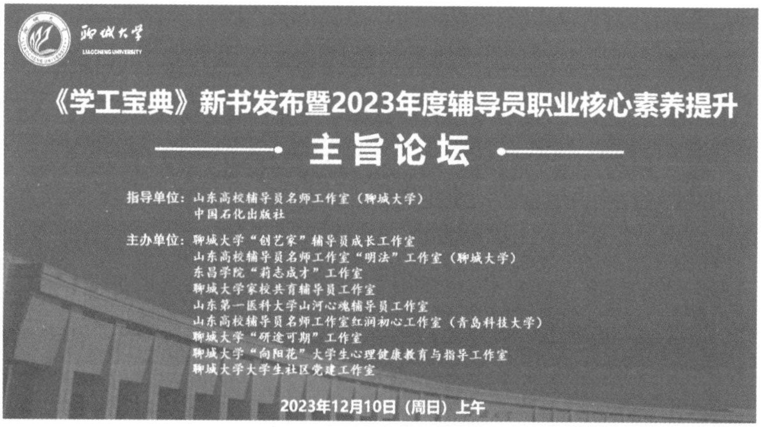

线上发布同时可以与辅导员素质能力提升培训有机结合起来，可以邀请出版社编辑、辅导员大咖、读者等进行分享，把新书发布融入其中。

发行直通车

开展一场新书发布会，要做好各项准备工作：

物料制作：设计并制作活动海报、宣传单页、邀请函，用于活动宣传与嘉宾邀请；准备发布会所需的展架，展示新书封面、目录及精彩内容摘要；制作现场背景板，突出活动主题与新书信息。

嘉宾邀请：提前向学校领导、各学院辅导员代表发送邀请函，注明活动时间、地点及内容，诚挚邀请其出席；确定学生代表名单，通过班级群、辅导员通知等方式确保学生准时参加。

场地布置：提前布置场地，在入口设置签到处，安排工作人员引导嘉宾签到、领取活动资料；设置新书展示区，摆放充足新书供嘉宾翻阅；调试音响、投影仪等设备，确保活动顺利进行。

费用预算：海报、宣传单页、邀请函、展架、背景板制作等制作费用；音响、灯光、投影仪等设备租赁费用；嘉宾交通、餐饮等费用；新书采购费用；活动现场饮用水、文具、抽奖礼品等费用。

问卷调查：活动结束后，向参会人员发放问卷，了解对活动内容、组织安排、新书价值的评价与建议。

现场反馈：活动过程中，安排工作人员收集嘉宾和学生的现场反馈，及时记录意见与看法。

金句分享

校园里的故事、成长中的智慧、工作中的付出，辛苦与努力、泪水与汗水、坚持与放弃，都在辅导员新书发布这一刻汇聚。

思维拓展

《职业教育活页式教材开发指导手册》 作者：蔡跃

书　　名：《职业教育活页式教材开发指导手册》
作　　者：蔡跃
出版时间：2020年06月
出 版 社：华东师范大学出版社
评论条数：2025条
重印次数：5次
发行情况：畅销书

1.选题定位

这本书聚焦职业教育教材开发中的核心命题——活页式教材设计，精准对接“产教融合”与“岗课赛证”综合育人需求。选题紧扣《国家职业教育改革实施方案》政策导向，瞄准职业院校教师、教材开发者、企业培训师等群体的实践困境，具有鲜明的时代性与实用性。

2.书名凝练

书名以“职业教育活页式教材开发”为核心关键词，清晰界定内容边界；“指导手册”强化工具属性，暗示结构化、可拆解的实操指南定位。虽稍显冗长，但精准匹配职业院校教师检索习惯，同时通过“活页式”这一行业热词触发政策联想，形成差异化记忆点。

3.目录设计

目录采用“理论—方法—案例”三维框架：前3章解析活页式教材的政策内涵、设计原理与开发标准；中间4章按“需求分析—模块拆分—内容编排—动态更新”流程展开，嵌入企业真实岗位任务清单、技能图谱等工具；末章提供10个跨专业开发案例及常见误区对照表，形成“认知升级—技术赋能—风险规避”的闭环。

4.结构逻辑

全书以“教育规律”与“产业逻辑”为双轴，构建开发方法论：一方面从教育学视角拆解模块化学习理论、能力本位设计原则；另一方面引入企业生产流程、岗位技能颗粒度分析工具，确保教材内容与职业标准动态同步。

5.内容特点

其一，提出“活页式教材四维适配模型”，构建动态修订机制；其二，首创“技能点—知识点—思政点”三线融合矩阵，破解职业教育教材的思政融入难题；其三，嵌入二维码链接虚拟仿真、操作视频等数字资源，打造“纸质载体+云端拓展”的立体化内容生态。

6.营销发行

面向职业院校举办教材开发研修营，捆绑销售教材与师资培训服务；联合头部企业发布“活页式教材开发白皮书”，抢占行业话语权；线上通过职教类公众号连载开发案例，形成“知识付费+工具应用”的流量转化闭环。

第九节　书课同频

定义内涵

书课同频是指作者的新书上市后，与新书相对应的原创课程也随之发布。买书可以赠课，买课可以赠书。

具体内容

书课同频是一本书宣传营销推广的最佳“倚天屠龙”。

作者既要学会化课成书，也要学会化书成课。

书课同频是打造作者个人品牌的最有效载体。

如果你的书由课程转化而来，你只需要进一步完善课程设计即可。

如果你的书由其他转化而来，你需要进一步把书籍转化为课程。

可以把你的书籍内容设计转化为10节线上有声课；

有声课69元/人，买1本书赠送一节有声课；买一节有声课赠送一本书。

可以把你的书籍内容设计转化为5节线上视频课；

视频课199元/人，买3本书赠送一节视频课；买一节视频课赠送你3本书。

可以把你的书籍内容设计转化为3天的线上直播课。

直播课689元/人，买10本书直接参加线上直播课；同时赠送一对一陪跑、咨询服务。

书课同频，不仅是为了营销书籍，更是实现辅导员课程化、品牌化、职业化、专业化、专家化的必由之路。

典型图书

《元气密码：激发辅导员工作潜能的77个关键词》 作者：陈剑

书　　名：《元气密码：激发辅导员工作潜能的77个关键词》
作　　者：陈剑
出版时间：2024年09月
出 版 社：中国石化出版社
书课同频：新书77个语言微课；新书读者群；新书共读营

《元气密码：激发辅导员工作潜能的77个关键词》这本书作者将书籍内容拆解转化为77个语言微课。每堂微课5~10分钟。通过书课同频，既扩大了新书的宣传影响力，又打造了作者的个人品牌。

发行直通车

辅导员如何把自己的一本书转化为一门课程，需要做到以下几个方面：

确定主题。从书籍中凝练出一个课程主题，当然，也可以将书籍题目作为课程题目。例如，《辅导员出版指南》可凝练出“辅导员如何出版一本书”的课程主题。

撰写目标。依据受众需求和书籍内容，确定课程教学目标。例如以提升沟通能力为目标，课程旨在让学员掌握非暴力沟通技巧，改善人际关系。

搭建框架。构建课程大纲，合理安排课程模块和顺序，一般包含导入、理论讲解、案例分析、实践演练和总结回顾等环节。

设计内容。把书中知识转化为生动的教学内容，结合实际案例、故事、视频等素材，增强课程趣味性。例如讲解沟通技巧时，播放职场沟通场景视频，让学员分析问题。

增加互动。在课程中增加提问、小组讨论、角色扮演等互动环节，提升学员参与度。比如在领导力课程中，设置模拟项目管理情景，让学员分组实践领导技巧。

教学准备。准备好教案、PPT、道具等教学资料，确保教学过程顺利进行。

课程优化：课程结束后，收集学员反馈，根据评价和建议改进课程，提升教学质量。

辅导员在化书成课的过程中，可以是一章成课，也可以是一节成课；可以是多章成课，也可以是多节成课。

辅导员在化书成课的过程中，可以化成引流课，也可以化成核心课；可以化成线上微课，也可以化成线下体验课。

金句分享

你的书就是你的课，你的课就是你的书。用一本书写好自己独有的课。

思维拓展

《爆款文案一句话就够了》 作者：文有为

书　　名：《爆款文案一句话就够了》
作　　者：文有为
出版时间：2021年03月
出 版 社：文汇出版社
评论条数：165条
重印次数：2次以上
发行情况：畅销书

1.选题定位

针对自媒体、电商、广告从业者亟须高效文案技能的需求，围绕“短文案引爆流量”展开，填补碎片化传播时代方法论空白，定位清晰垂直。

2.书名凝练

“一句话”与“爆款”形成反差，颠覆传统长文案认知，直击用户“快速见效”心理，关键词精准锁定目标群体，激发好奇。

3.目录设计

以“用户心理—痛点挖掘—情感触发—句式结构—场景适配”为脉络，分设“吸引力法则”“痛点放大镜”“金句公式”等章节，层层递进构建知识体系。

4.结构逻辑

每章采用“原理阐述—公式拆解—正反案例对比—实战演练”四步法，如通过“恐惧诉求=危机场景+即时解法”等模板化教学，强化实操性。

5.内容特点

摒弃复杂理论，聚焦100+行业案例（涵盖电商详情页、短视频标题等），提炼“动词前置”“数字对比”“身份标签”等37种速成技巧，实现即学即用。

6.营销发行

联合头部MCN机构推出“文案诊断”增值服务，在知识付费平台投放“3天文案训练营”引流，结合电商限时赠送“行业话术库”电子资源，形成“图书+课程+工具”立体销售矩阵。

第五章

对话书籍作者：学习他山之石

作者一 《学工宝典：一名老辅导员的“实话实说”》作者对话

【书籍名称】《学生宝典：一名老辅导员的“实话实说”》

【出版时间】2023年9月

【重印次数】3次

【发售渠道】中国石化出版社、当当网、京东网、天猫、全国各地图书经销商、图书馆等

【作者简介】杨庆实，教育学博士，硕士生导师。聊城大学“创艺家”辅导员成长工作室创建人。国家教育行政学院培训师资库成员；山东省高校网络思想政治工作中心特约研究员；教育部首批“全国党建工作样板支部”项目负责人。个人事迹被《中国教育报》报道。先后获得山东教育系统优秀党务工作者等荣誉称号27项。出版专著《中国高校学生资助政策体系理论与实践研究》《学工宝典：一名老辅导员的“实话实说”》。

一、写作背景与动机

问题1：您最初选择成为辅导员的初衷是什么？这段经历如何影响了您的写作方向？

大学期间，先后担任院系学生会干事、部长、主席，2000年毕业后以辅导员岗位留校工作。从2001年初到2021年底，先后从事学校学生宿舍管理、困难学生资助、学生教育管理，学院学团工作、学生工作，整整21年一直从事学生思想政治教育工作。

决定撰写一本书，源于我从事的辅导员工作岗位，源于我对辅导员职业的热爱和坚守。《学工宝典：一名老辅导员的“实话实说”》是我的第二本专著，是基于第一本专著出版后，持续自我激励、自我监督、自我加压的又一科研成果。

我的第一本专著《中国高校学生资助政策体系理论与实践研究》于2017年7月由中国社会科学出版社出版发行，决定写一本关于家庭经济困难学生资助工作的书，主要源于我从事多年的资助工作经历，特别是对资助工作的热爱和深厚情结。

自2004年3月，我调整到学校学生资助管理部门开始具体从事资助工作。随着资助工作实践经验的不断丰富，也曾想尝试进行理论研究，以便通过理论创新推动实践创新，但一直未真正付诸实施。

2009年5月中旬，在山东省教育厅、财政厅组织开展的全省普通高校学生资助绩效考评复查工作中，我被抽调并作为检查小组成员到省内近10所高校进行实地复查，在此过程中我发现，大部分高校在开展资助工作中普遍注重工作实践而忽略理论研究，整体理论研究水平亟待提高。

鉴于以上现状，我决定将高校学生资助政策体系作为主要框架展开理论研究，且大胆地尝试以专著的形式组织实施，而并非以论文形式组织开展。

说干就干，但万事开头难，况且是平生第一次写书，真不知道从何处下手，又不好意思向别人请教，担心被人笑话，甚至说闲话。

我对收集到的十余本不同专著的主要框架进行了认真分析和解读，其中有学校教授撰写的学术专著，也有校外科研人员、专家学者撰写的其他专著。根据自身所了解掌握撰写专著的格式要求，开始确定专著的主题内容，搭建专著的主要框架结构，并制订编写计划。

计划不如变化快，两次工作变动大大延迟了我的写作进程。两次工作调整后，我虽然不再具体从事学生资助工作，缺少了实践平台，却具有了丰富的工作经历，特别是不同岗位、不同性质的锻炼，大大提高了我的学生工作综合实践能力，对我的理论创作激发了很多更深入、更广泛的思考和探索，大大提高了我开展资助工作研究的针对性和实效性。

就这样，边工作边写作，边写作边工作，至2016年底完成初稿，并经多次修改、完善、审稿、校稿等，这本书于2017年顺利出版。

问题2：是什么契机让您萌生将工作经验整理成书的灵感？是否有某个关键事件或案例触发了这一想法？

从事学生工作最初阶段，因岗位性质、工作环境、学术氛围、载体平台等多种因素，可以说个人对科研认知几乎为零，更没有一点科研意识或科研能力。

随着工作实践，以及工作经历、阅历的积累，我尊重并听从别人建议，在从事学生工作的第8个年头，我发表了首篇关于国家助学贷款工作的学术论文。同时，在与校内多名资深辅导员、优秀同龄学者教授学习交流，并历经数次外出学习考察、参加学术报告培训等后，我开始逐渐认识到开展科学研究既是个人成长和发展的需要，又是辅导员队伍有效开展工作的需要，因此，逐步尝试把自己的实践问题、实际工作经验提炼、吸收到理论研究工作中，并慢慢提升到理性自觉。

坚持13年至今，在工作中实践，在实践中思考，在思考中研究，在研究中探索，并注重将总结的经验、规律及理论创新运用到具体工作实践中，努力实现实际工作与理论研究相互结合、相互提升、相互促进。

问题3：您希望通过这本书解决辅导员工作中的哪些痛点？它与其他同类书籍的差异化体现在哪里？

《学工宝典：一名老辅导员的“实话实说”》全书“实”言不讳，直面学生成长困惑，针对同学们普遍关心的学业压力、人际关系、职业规划等话题，给出了自己独到的见解和建议；

全书“实”事求是，分享实际工作经验，结合大量的实际案例，分享了自己的学工理念和方法；

全书“实”事求是，探寻学生工作的本质，坚持实事求是原则，深入探讨了学生工作的本质与意义；

全书“实”干精神，展现辅导员的担当与责任，始终以学生为中心，关注学生的需求和成长，努力为学生提供更好的教育和服务。

二、经验积累与素材整理

问题4：您在辅导员日常工作中是如何记录和整理案例、经验或反思的？有没有一些独特的方法或工具（如笔记、日志、数字化工具等）？

为做好个人每天的工作回顾和总结，优化日常各项任务安排及实施，便于及时厘清工作思路，以促进自身更加科学合理分配工作时间和精力，自2009年10月3日起，我开始并坚持写辅导员工作日志。

每天下午下班后，拿出一定时间记录当天工作内容；每天日志少则三五条，多则10余条，甚至20余条。每条通知来源部门、负责人员，每项任务实施时间、落实要求，以及每个材料上报方式及报送渠道等都“一应俱全”“知无不尽”。

坚持至今近16年，纪实工作日志12000余条，内容70余万字。随着岗位的调整，从学生资助到宿舍管理，再到学团工作，后到党建工作，涵盖了上级任务落实、会议安排、安全检查、信息上报、通知传达，以及疫情防控、特殊学生群体、班级管理、评先评优等方方面面。

同时，坚持记录工作任务清单。为了及时完成学校各职能部门、学院安排的各项任务，准时报送各类计划总结、方案预案等材料，按时参加下达的各类会议，做到各类材料报送不遗漏、不拖延、不被催，参加各类会议不遗忘、不缺席、不迟到。

问题5：书中是否有特别让您印象深刻的真实案例或学生故事？能否分享一个从实践到成书的转化过程？

《学生宝典：一名老辅导员的“实话实说”》全书共有46个章节，无论实践主体还是研究主体都是围绕辅导员个人发展和学生成长发展，其中“致大一新同学”“新生班第一次班会”“致大三‘新同学’”“最后一次‘班会’”等都是班级学生学习、工作与生活等真实的实践案例。

尤其“家访‘八步曲’：4年34名学生4.61万公里”这一章节，我完全是根据个人开展所带班级学生每个家庭实地家访的过程完成。从第一个学生家访、一次完全改变家庭经济认定等级的家访、一次距离最远的家访，再到一次深夜家访、特殊的“线上”家访，都是一次次助力学生健康成长、促进家校倾力共育的工作实践，在此实践基础上，我逐渐探索出“开展学生精准家访需遵照‘八步曲’”做法，真正构架学校与家庭沟通、交流的桥梁，从而增强高校思想政治教育工作的持续性、针对性、实效性和全面性。

问题6：您如何平衡辅导员工作的“实践性”与书籍所需的“理论系统性”？是否参考了教育学、心理学等学科理论？

在20余年的辅导员岗位上，从开展思想政治教育调查调研到党团建设，从学业就业指导到职业规划，从日常事务管理到心理健康咨询，每项工作、每个环节，始终注重工作实践与相关学科理论的借鉴与融合。如积极借鉴家庭系统理论强化并创建家校合作共育体系，通过组织家长座谈会、通报会，签订家校合育告知暨承诺书，全面登记统计家庭综合状况等，深度分析学生家长、家庭对学生个体心理的影响，从而有效强化学生、学校与家庭的有效沟通，促进家校协同育人氛围营造。

三、书籍创作过程

问题7：在书籍策划阶段，您是如何确定目录框架和章节结构的？是否经历过多次调整？

我的第一本专著《中国高校学生资助政策体系理论与实践研究》先是确定主题、框架和章节的设计，并制订了详细的实施进度计划。最初的主题拟定了五六个之多，并对每一章节的标题、内容及字数进行了认真细化。

写作过程中两次工作岗位变动导致工作繁忙、任务繁重，部分内容写作难度大、参考资料难找，以及女儿还小，多次因受凉、感染等原因而发烧感冒需要照顾等原因，直到2016年“五一”放假期间，随着最后一章节的完成，近62万字书稿的初稿才完成。

我的第二本专著《学工宝典：一名老辅导员的“实话实说”》从2016年12月开始撰写，到2023年4月底完成初稿，同样历经近6年半的时间。这期间，我从任职学院团委书记到学院分管学生工作党委副书记，再到学院党委书记，随着岗位的调整，我的工作任务愈加繁重，工作责任愈益重大，工作压力不断加剧，但我始终保持积极心态、良好习惯、乐观思维，做到不偷懒、不躺平、不被卷，探索一部集“实践、服务、创新、研究”于一体的实践经验与探索创新参考书。

问题8：写作过程中，您如何安排时间？是否有固定的写作习惯或克服拖延的技巧？

从写作《中国高校学生资助政策体系理论与实践研究》到《学工宝典：一名老辅导员的“实话实说”》，为了不耽误、不影响本职工作，在工作日内加班加点，先行高质量完成事务性工作和刚性目标任务，而后利用晚间、周末、节假日以及寒暑假阅读文献、撰写文章。

可以说，两本著作基本都采用“白+黑”“5+2”“9+3”模式，即平时工作日内下午下班后进行至少1小时写作，坚持到7点才离开办公室；每周7天内保证至少4~5个晚上在家写作，直到深夜12点再休息；每周末只要全家没有集体行动或特殊安排，哪怕只有1小时时间也会选择在家或到办公室进行写作；每年的寒暑假期间，更是我写作时间最充足、思路最清晰的时间段，一般都是按上下班时间到办公室进行写作。

多年来我始终坚持每天固定用半小时至一小时时间来学习、阅读、思考并当天消化、落笔；对于日常一切不必要的应酬，能推辞的就推辞；在其他人忙于日常应酬、周末休息、假期调整放松的时候，我经常在思考问题、查阅资料、撰写文稿，这样可以腾出更多的时间和精力开展研究，以确保整个写作进度和质量有序推进。

问题9：是否与同行、学生或出版社编辑进行过沟通？他们的反馈对书籍内容产生了哪些影响？

《学工宝典：一名老辅导员的“实话实说”》每个章节都有自己的主题，相对独立，相关主题基本都来源于当时工作实践中的思考及探索，为此，针对章节的主题，在完成初稿后基本都主动让其他辅导员朋友或学生进行了阅读，并积极征求他们的建议。

对于同一个章节，少则征求2~3人的意见，多则征求5~6人的意见。针对他们提出的疑问和意见，再对章节内容进行进一步修改和完善，哪怕标点符号都认真修改，从而达到内容最优化、格式最规范、效果最大化。

四、书籍内容与核心价值

问题10：您认为这本书对一线辅导员的核心价值是什么？对新手和经验丰富的辅导员分别有何帮助？

《学工宝典：一名老辅导员的“实话实说”》核心价值主要是身处思想政治教育最前沿、学生日常管理事务第一线的高校辅导员，要时刻以“立德树人”作为一切工作的中心环节，要始终立足学生发展，围绕学生健康成长，不断强化思想政治引领与行为引导，要坚持深爱每位学生、走进每位学生、守护每位学生，努力做到心系学生、关爱学生、服务学生。

借用河北科技师范学院副教授白晓玲老师的话来说，《学工宝典：一名老辅导员的“实话实说”》是新入职辅导员工作的启智之书，作为一本拿来即用、干货满满的书，有方法指方向，有模板可模仿，有实招见实效，会为初入职场还一头雾水的新手指点迷津。

对于经验丰富的辅导员来说，《学工宝典：一名老辅导员的“实话实说”》是一本润心之书、悟道之书，能够助其厘清工作的困惑，扫清育人的烦恼，边答疑、边解惑，边纾困、边解郁。

问题11：书中是否包含可操作的工具或方法论（如沟通模板、危机干预流程等）？能否举例说明？

《学工宝典：一名老辅导员的“实话实说”》是在具体工作和相关过程中而作，涉及服务学生、家校协同等多个环节，如“家访‘八步曲’”、创建班主任“八四”工作法、辅导员职业“工作创新清单”等，都含有实践的沟通方式方法。

问题12：您希望通过这本书传递怎样的教育理念或职业态度？

《学工宝典：一名老辅导员的“实话实说”》是根据个人20余年思想政治教育工作实践与探索，在坚持立德树人根本任务、坚持重视学习并加强学习、坚持工作实践与探索、坚持广泛调查座谈、坚持理论和实践研究、坚持工作创新、坚持处处争做第一、坚持时时高度自律中工作。

五、挑战与解决方案

问题13：在从工作到出书的过程中，您遇到的最大挑战是什么（如时间管理、素材筛选、写作瓶颈等）？如何克服的？

在《中国高校学生资助政策体系理论与实践研究》写作期间，由于部分内容写作难度大、身心劳累等，很多次食不甘味、寝难安枕，甚至一度难以为继，想到放弃，但当看到书桌上一摞摞的资助调查资料，眼前总是浮现等待资助的青年学子的眼神。凭着与困难学生、资助工作惺惺相惜的深厚情感，我不断调整好心态和状态，选择了一路坚持、一路耕耘！

《学工宝典：一名老辅导员的“实话实说”》相对于《中国高校学生资助政策体系理论与实践研究》而言，不需更多的数据调研，但更多的是工作具体事务和日常管理。为了写作，只能选择每天加班加点，充分利用周末及寒暑假时间。

问题14：您如何看待部分辅导员“工作繁忙，无暇写作”的困境？对有意愿但未行动的同行有何建议？

作为一名从业20余年的辅导员，深刻理解“工作繁忙，无暇写作”这一困境的普遍性、现实性和复杂性。

辅导员群体长期处于“事务性工作淹没专业”的漩涡中，日常工作的突发性、琐碎性、繁重性，以及高负荷、高要求、高标准特征，往往挤压了系统化写作的空间，但结合现在形势写作恰恰是突破职业瓶颈、实现专业成长的关键路径。因此，写作不应被简单定义为“论文产出”，而应视为职业生命力的反刍重构，要深刻认识到“工作促进科研，科研反哺工作”这一关键点。

对有意愿开展研究但迟迟未行动的同人，我建议：

一是要尽早脱离“等有大段时间再写”的误区，注重结构化碎片时间的利用与整合，如每天固定一定的时间段来思考、复盘、写作；

二是工作即研究，学会将日常事务转化为研究课题，如一次深夜值班时的案例梳理、一场学生活动后的即时反思，甚至通勤路上用语音记录的关键词，都是写作的珍贵原料，要逐步搭建个人写作资源库；

三是可以将日常工作中的学生活动方案升级转化为思政项目申报书，谈心谈话记录可以改写为工作案例，工作中的总结数据可以转化为调研报告等，用这样的方式进行积累。

六、对辅导员的建议

问题 15：对于希望将工作经验转化为书籍的辅导员，您会给出哪三条关键建议？

对于希望将工作经验转化为书籍的辅导员，最关键的三条建议是：一是找出个人工作优势以及特色，以便确定书籍主题或大纲；二是围绕拟定的主题，注重日常工作经历和心得体会的梳理及整理，将零散、简短的知识点整理成系统化、体系化的内容；三是培养个人语言特色和风格，既有亮点又有深度，适用于其他辅导员参考、借鉴。

问题 16：您认为辅导员提升写作能力的核心方法是什么？

辅导员工作的核心在于做好青年学生的思想政治教育，切实把思想理论教育和价值引领作为首要任务，为此提高写作能力的核心方法就要围绕立德树人根本任务，聚焦思想政治教育，强化个人理论学习，精准掌握并深度分析学生思想状态和动态变化，开展理论研究和写作，不断增强写作的实践性、实效性和说服力。

七、未来计划

问题 17：这本书的出版对您的职业发展产生了哪些影响？是否有后续写作或相关计划（如课程开发、培训等）？

专著《中国高校学生资助政策体系理论与实践研究》先后荣获“2017 年度

全省高校学生教育与管理工作优秀科研成果”优秀著作一等奖、全省高校思想政治教育优秀成果“学生教育管理类”一等奖。

专著《学工宝典：一名老辅导员的“实话实说”》荣获聊城市第三届社会科学普及与应用优秀成果一等奖，先后入选中国石化出版社2023年度“十大好书”、高校辅导员网络学院推荐书目。

两部著作全面总结了个人实践探索和理论研究，展示了个人多年学术积累，助推了个人的职称晋升和职业化发展。根据当前工作性质和实际，个人如有时间和精力允许，将继续进行相关主题写作。

问题18：您认为未来辅导员领域最需要关注的新趋势或新挑战是什么？是否会体现在下一本书中？

未来辅导员领域最需要关注的新趋势或新挑战主要是人工智能技术发展、教育数字化，以及安全教育、心理健康教育等，也是大部分辅导员开展研究需要注重的重要内容。

作者二 《图说大学生活》作者对话

【书籍名称】《图说大学生活》

【出版时间】2023年6月

【重印次数】2次

【发售渠道】当当网、京东网、天猫、全国各地图书经销商、图书馆、中

国石化出版社等

【作者简介】尤长军，副教授，现任辽宁农业职业技术学院学生处处长，从事学生工作20余年。国家教育行政学院高校辅导员网络学院师资库专家、辽宁省高校优秀辅导员、辽宁省高校大学生思想政治教育成果一等奖获得者、辽宁省职业教育教学成果一等奖获得者、辽宁省辅导员名师工作室“‘图说思政’辅导员工作室”主持人；“图说思政”网络育人模式创始人；“图说思政校园行”活动发起人、出版专著《图说大学生活》；拥有20余门独立著作权的学生管理课程；主编教材10余部，发表论文20余篇，主持课题10余项；心理健康辅导师、二级心理咨询师、心理沙盘游戏指导师、生涯规划师、“KAB”创业指导师。在高校思政网、高校辅导员在线等主流平台上发表网文超百篇。

一、写作背景与动机

问题1：您最初选择成为辅导员的初衷是什么？这段经历如何影响了您的写作方向？

首先，最初应该是辅导员岗位选择了我。2000年，我进入现单位，成为一名辅导员，从最初管住人的初衷，转换为希望能够帮助学生成长，并给予他们支持和引导，用了3年的时间。3年一届学生，我接触到了很多不同类型的学生和问题，这让我对教育、心理、学生学业与人生规划等方面有了更深入的了解和认识，也让自己清楚了自己的生涯规划，那就是做一名用文化育人的辅导员。

其次，20余年学生工作对我的写作方向产生了深远的影响。我开始关注教育领域的话题，尤其是与学生成长、心理辅导、职业规划等日常事务相关的内容。输出是最好的输入，在与学生和同事的交流中锻炼了自己的文字表达能力和思考逻辑，这使我在写作时能够更加清晰地表达自己的观点和思考。

最后，这些工作阅历促使自己把写作的内容，逐步转换到思政教育与管理类文章的撰写，希望能够通过文字为更多人提供帮助和启示。

问题2：是什么契机让您萌生将工作经验整理成书的灵感？是否有某个关键事件或案例触发了这一想法？

作为辅导员，我在多年的工作中积累了丰富的经验和故事。其中，有一次与一位特别需要帮助的学生进行深入交流后，我意识到我的工作经历和所遇到的问题可能对其他辅导员或学生也有所帮助。这个想法逐渐在我心中萌生，让我开始思考是否可以将我的工作经验整理成书，以供更多人参考和借鉴。

问题3：您希望通过这本书解决辅导员工作中的哪些痛点？它与其他同类书籍的差异化体现在哪里？

首先，我希望能够为新任辅导员提供一些实用的工作方法和经验，帮助他们更快地适应和胜任工作。

其次，我希望通过分享一些成功和失败的案例，帮助辅导员更好地理解学生，提高工作效率。

最后，我也希望通过这本书促进同行之间的交流和合作，共同推动辅导员工作的进步。

与其他同类书籍相比，这本书的差异化主要体现在以下几个方面：

第一，这是一本辅导员自身专业与思政的有机融合的范例，这本书图文并茂，更加注重可视性、实践性和操作性。

第二，这本书更加注重人文关怀和心理辅导。作为辅导员，我把学生生活中、学习中的案例进行了分析与解读，并给出指导意见与方向，不仅要关注学生的学业和成绩，更要关注学生的心理健康和成长。

第三，这本书会更多地涉及心理辅导和人文关怀方面的内容，帮助辅导员更好地理解学生，关注学生的内心世界。

二、经验积累与素材整理

问题4：您在辅导员日常工作中是如何记录和整理案例、经验或反思的？有没有一些独特的方法或工具（如笔记、日志、数字化工具等）？

首先，我会使用笔记本进行手写记录。每当遇到有价值的案例或经验时，我会及时记录在笔记本中，包括学生的基本信息、问题描述、处理过程和结果等。这种传统的记录方式可以让我随时回顾和总结。

其次，我会使用日志进行日常工作的记录。通过日志，我可以记录每天的工作内容、遇到的问题和解决方法，以及一些工作反思。这种方式有助于我及时总结经验教训，更好地改进工作方法。

再次，我也会利用一些数字化工具来辅助记录和整理。比如，我会使用一些专门的软件或App来管理学生信息、记录案例和经验。这些工具通常具有搜索、筛选、分类和统计等功能，可以帮助我更加高效地整理和分析数据。

最后，我会定期进行反思和总结。每次遇到重要的案例或经验时，我都会进行深入的反思和总结，分析问题的原因和解决方法，以及工作中的优点和不足。这些反思和总结会帮助我更好地改进工作方法，提高工作效率。

问题5：您如何平衡辅导员工作的“实践性”与书籍所需的“理论系统性”？是否参考了教育学、心理学等学科理论？

作为辅导员，平衡工作的“实践性”与书籍所需的“理论系统性”是一项重要的任务。为了实现这一平衡，我会将实际工作经验与理论系统性相结合。在编写书籍时，我会以实际案例为基础，通过分析和总结这些案例，提炼出具有理论性的观点和结论。

同时，我是师范专业毕业，我在大学的时候就学习过教育学、教育心理学等内容，也将这些理论应用到实际工作中，使书籍既具有实践性又具有理论系统性。

三、书籍创作过程

问题6：在书籍策划阶段，您是如何确定目录框架和章节结构的？是否经历过多次调整？

本书在框架和目录设计上相对容易一些，因为都是日常工作的点滴积累，如果说要建议的话，主要有以下方面：

第一，我会对所编书籍的主题和内容进行深入的思考和分析，明确书籍的目标和定位。这样有助于确定书籍的大致框架和结构。

第二，我会收集和整理相关的资料和案例，对辅导员工作的实际内容和要求进行了解和梳理。这样有助于我更好地把握书籍的实际需求和读者需求。

第三，在确定了主题、内容和实际需求后，我会开始初步设计目录框架和章节结构。这个阶段我会多次思考和修改，以确保框架和结构合理、清晰、完整。

第四，我会将内容分解成不同的章节和部分，并为每个章节确定一个明确的主题或重点。在初步设计完成后，我会与同事、专家或导师进行交流和讨论，听取他们的意见和建议。

第五，根据反馈，我会对目录框架和章节结构进行多次调整和完善，以确保其更加符合读者的需求和期望。

问题7：写作过程中，您如何安排时间？是否有固定的写作习惯或克服拖延的技巧？

我们要在前期做好资料的储备与整理，在开始写作之前进行充分的准备，这包括收集资料、整理思路、明确主题和框架等。这个阶段可能需要花费一些时间，但它是写作过程中必不可少的一部分。

另外，我会将写作任务分解成小块，为每个部分设定一个具体的时间限制。这样可以帮助我更好地管理时间，避免拖延。同时，我也会为自己设定一个每天或每周的写作目标，并努力完成它。

问题8：是否与同行、学生或出版社编辑进行过沟通？他们的反馈对书籍内容产生了哪些影响？

首先，与同行的沟通让我了解到不同领域的观点和见解，他们的专业知识和经验为我的书籍内容提供了宝贵的参考，他们的建议和意见帮助我更加全面地考虑问题，使书籍内容更加丰富和深入。比如：我这本书就与刘明耀老师进行了多次的交流与沟通，并获得了很多的灵感。

其次，与学生的沟通让我更好地了解到他们的需求和关注点。作为辅导员，我深知学生的想法和困惑，因此将他们的反馈融入书籍中，使内容更加贴近实际，更具实用性。学生的建议和意见让书籍更加贴近他们的生活，更具指导意义。

最后，与出版社编辑的沟通则是书籍出版过程中的重要环节。他们具有丰富的出版经验和专业知识，对书籍的整体框架、章节安排、语言表达等方面提出了宝贵的建议。他们的专业意见帮助我更好地完善书籍内容，使书籍更加符合出版要求和市场需求。

四、书籍内容与核心价值

问题9：您认为这本书对一线辅导员的核心价值是什么？对新手和经验丰富的辅导员分别有何帮助？

我认为辅导员编书对一线辅导员的核心价值在于提供了宝贵的经验和案例，帮助他们更好地理解和应对学生工作。

这本书将涵盖辅导员工作的各个方面，包括学生心理辅导、学业指导、生活关怀等，通过案例分析和经验分享，帮助一线辅导员更好地掌握工作方法和技巧，提高工作效率和质量。

对于新手辅导员来说，这本书可以帮助他们更快地适应和掌握学生工作的基本知识和技能。书中将详细介绍学生处理突发事件的基本流程、方法和技巧，以及应对各种情况的策略和经验。这可以帮助新手辅导员更快地熟悉工作环境和工作内容，提高他们的职业素养和工作能力。

对于经验丰富的辅导员来说，这本书同样具有很大的帮助。书中将分享一些高级的技巧和策略，帮助他们更好地解决工作中遇到的问题和挑战。同时，书中也将涵盖一些新的理念和趋势，帮助他们不断更新知识和技能，保持与时俱进。

此外，书中还可以通过案例分析和经验分享，为读者提供更多的思路和灵感，帮助他们更好地发挥自己的优势和特长。

问题10：书中是否包含可操作的工具或方法论（如沟通模板、危机干预流程等）？能否举例说明？

作为辅导员在写书的过程中，我确保书中包含了大量可操作的工具或方法论，以帮助辅导员更好地应对学生工作。这些工具和方法论包括但不限于沟通模板、危机干预流程等。

例如，书中会包含针对不同情境下出现的问题处理与沟通模板。这些模板可以帮助辅导员更加明确和有效地与学生、家长或其他相关人员进行沟通。

例如，在处理学生心理问题的时候，可以提供一份心理疏导沟通模板，包括开场白、询问技巧、倾听能力、给予支持等步骤，让辅导员能够更加从容地与学生进行交流。

问题11：您希望通过这本书传递怎样的教育理念或职业态度？

首先，我希望能传递以学生为本的教育理念。该理念强调尊重学生、理解学生、关注学生的全面发展。在书中，我将通过案例分析和经验分享，展示如何根据学生的特点和需求，制定个性化的教育方案，帮助学生实现自身价值。

其次，我希望强调职业素养和责任意识。辅导员是学生成长路上的引路人，承担着教书育人的重要使命。因此，我将通过书中内容，传达对工作的热爱和敬业精神，以及在面对挑战和困难时的坚韧和毅力。

最后，我希望能倡导持续学习和不断进取的职业态度。教育是一个不断发展和进步的过程，辅导员需要不断更新知识和技能，以适应新的教育环境和需求。

在书中，我将分享一些新的教育理念和方法，鼓励辅导员保持学习的热情和动力，不断提高自己的专业素养和能力。

五、挑战与解决方案

问题12：在从工作到出书的过程中，您遇到的最大挑战是什么（如时间管理、素材筛选、写作瓶颈等）？如何克服的？

首先，时间管理。从工作到出书需要大量的时间和精力投入，尤其是在日常工作繁忙的情况下，如何合理分配时间是一个挑战。为了克服这个问题，我制订了详细的时间表和计划，将写作任务分解成小目标，每天安排一定的时间进行写作，同时尽量减少不必要的干扰，确保能够集中精力完成写作任务。

其次，素材筛选。在收集素材的过程中，如何从大量的信息和资料中，筛选出有用的、准确的、具有代表性的素材是一个挑战。我通过仔细阅读和比较不同素材，结合自己的工作经验和专业知识进行判断和筛选，确保所选素材能够为书的内容提供有力的支持和证明。

最后，写作瓶颈。在写作过程中，有时会遇到思路不清晰、无法继续写作的情况。我会通过阅读相关书籍、文章或者与同行交流等方式寻找灵感和启示，或者先停下来做一些其他事情来放松心情，然后再重新审视写作内容，找到突破口。

问题13：您如何看待部分辅导员“工作繁忙，无暇写作”的困境？对有意愿但未行动的同行有何建议？

对于工作繁忙的辅导员，我建议他们要合理规划时间。可以将写作任务分解成小目标，每天安排一定的时间进行写作，这样不仅可以减轻一次性完成大量文字的压力，还可以逐渐积累写作经验和灵感。

辅导员要善于利用碎片时间进行写作。比如利用午休时间、下班后的时间等，这些时间虽然短暂，但如果能够充分利用起来，也可以产生意想不到的效果。

对于有意愿但未行动的同行，我有以下几点建议：

首先，找到写作的动力和目的。要想写作，首先要明确自己为什么要写作，想要通过写作达到什么目的。这样可以让自己更加有动力开启写作之旅。

其次，寻求支持和帮助。可以寻求同事、朋友或专业人士的帮助和支持，比如一起讨论写作内容、提供意见和建议等，这样可以让自己更加顺利地进行写作。

再次，学习写作技巧和方法。可以通过阅读相关书籍、文章或参加写作培训等方式学习写作技巧和方法，提高自己的写作水平和能力。

最后，坚持不懈地写作。写作是一个长期的过程，需要坚持不懈地努力。不要因为一时的困难或挑战而放弃，要相信自己的能力和努力会得到回报。

六、对辅导员的建议

问题14：对于希望将工作经验转化为书籍的辅导员，您会给出哪三条关键建议？

首先，明确主题和定位。在开始写作之前，要明确自己想要传达的内容和主题，以及目标读者群体。明确自己的定位可以帮助辅导员更好地组织内容和选择合适的写作风格。

例如，如果希望将自己的教育理念传递给更多人，那么就要重点突出这些理念，并用易于理解的方式表达出来。

其次，积累和整理素材。辅导员在长期的工作中积累了丰富的经验和素材，这是编写书籍的重要基础。在准备写作时，辅导员应该及时整理和归类这些素材，并对其进行筛选和提炼。同时，也要注意收集其他相关的资料和案例，以丰富自己的内容。

再次，注重写作质量和可读性。在写作过程中，辅导员要注重写作质量和可读性。这包括语言表达、逻辑结构、段落安排等方面。为了提高写作质量，辅导员可以学习一些写作技巧和方法，比如如何设置悬念、如何运用修辞手法等。同时，也要注意语言的简洁明了和易于理解，让读者能够轻松地阅读和理解自己的作品。

问题 15：您认为辅导员提升写作能力的核心方法是什么？

首先，多读。阅读是提高写作能力的基础。辅导员应该广泛阅读，包括阅读优秀的书籍、文章、论文等，学习他人的写作技巧和表达方式，了解不同的写作风格和体裁，从而提高自己的写作水平和素养。

其次，多写。写作是一种技能，需要不断地练习和积累。辅导员应该经常写作，可以从写日记、写文章、写论文等开始，逐渐提高自己的写作能力和水平。在写作过程中，辅导员要注意语言表达、逻辑结构、段落安排等方面，不断提高自己的写作技巧和表达能力。

最后，多思考。写作不仅仅是文字的表达，更是思维的体现。辅导员在写作前应该对所要写作的内容进行深入的思考和分析，厘清思路和观点，确保写作内容的准确性和条理性。同时，在写作过程中也应该不断思考和修改，不断完善自己的作品。

七、未来计划

问题 16：这本书的出版对您的职业发展产生了哪些影响？是否有后续写作或相关计划（如课程开发、培训等）？

作为辅导员，这本书的出版对我的职业发展产生了积极的影响。

通过编写和出版书籍，我积累了丰富的写作经验和专业知识，提高了自己的学术水平和影响力。书籍的出版也为我的职业生涯带来了更多的机会和挑战，例如，参与更多的学术交流、教学培训等活动，提高了我的知名度和声誉。

在出版这本书之后，我确实有后续的写作和相关计划。我会继续深入研究我所在的领域，并继续写作和发表相关论文和文章。我会考虑开发相关的课程或培训项目，将我在书中所表达的理念和经验应用于教学实践中，帮助学生更好地理解和应用这些知识。此外，我也会进一步整理和撰写相关主题的系列书籍或论文集等。

问题17：您认为未来辅导员领域最需要关注的新趋势或新挑战是什么？是否会体现在下一本书中？

首先，教育技术的快速发展。随着人工智能、大数据等新技术的不断涌现，教育技术也将不断升级和改进。这将对辅导员的工作方式和内容产生深刻的影响，例如，利用人工智能技术辅助进行学生管理和教育、运用大数据分析学生需求和学习情况等。因此，辅导员需要关注和掌握新的教育技术，并将其应用到实际工作中。

其次，学生需求的多样化。随着社会的发展和变化，学生的需求也日益多样化，他们不仅需要学习知识，还需要发展自己的兴趣爱好，提升自己的综合素质等。因此，辅导员需要更加关注学生的需求，为他们提供更加全面、多样化的服务。

最后，职业素养和能力的不断提升。随着教育行业的竞争日益激烈，辅导员需要不断提升自己的职业素养和能力，以适应新的工作环境和需求。这包括加强自我学习、更新知识体系、提高专业技能等方面。

作者三 《元气密码：激发辅导员工作潜能的 77 个关键词》作者对话

【书籍名称】《元气密码：激发辅导员工作潜能的77个关键词》

【出版时间】2024年9月

【发售渠道】中国石化出版社、京东、天猫、当当、各地图书经销商、图书馆、自媒体等。

【作者简介】陈剑，女，思政副教授，现就职于遵义医科大学珠海校区，从事辅导员工作17年；校级辅导员工作室、精品项目主持人，“职业生涯规划与就业指导”课程负责人，大学生职业生涯咨询室培训师等；专长于辅导员职业发展精准赋能、大学生思想政治教育以及职业生涯规划等领域的研究与实践。

所带学生组织（班级）先后获得“全国五四红旗团总支”“省级党建成果一等奖”“全国党建工作样板支部”“省级先进班集体”等多项荣誉，个人获得省级“高校最美辅导员”“最美劳动者”荣誉称号和辅导员职业能力大赛二、三等奖。

一、写作背景与动机

问题1：您最初选择成为辅导员的初衷是什么？这段经历如何影响了您的写作方向？

从一名学生骨干留校到团委工作，再到院系做专职辅导员，一干就是17年。一路走来，冥冥之中，我和学生工作有了不解之缘。

正因为有了这段经历，我更加了解学生工作的特点和难点，但说句有点凡尔赛的话，我真的没有遇到过什么困难，我也并没有把这份工作当成工作，我认为我是在完成一项又一项的挑战，特别有意思！

所以很多同人都特别好奇：为什么我能在这么繁重的工作任务下，保持这么高能量的状态！其实我从来没深究过这个问题，我只知道：当一个人在做自己热爱的事情时，她不会觉得累，反而很开心、很期待、很主动。

关于写书，其实在2023年9月之前，我压根没想过。写书这件事，在我过往的认知当中，都是那些博士、专家、教授才能做的事。直到2023年9月我开始做个人品牌，发现很多做个人品牌的人都有自己的书，于是我告诉自己，我也要有一本自己的书！

那么写什么呢？写给谁看呢？怎么写呢？如何出版呢……一系列问题就冒出来了。我这个人有一个毛病，不是我自己做到的、体验很深的内容，我不想分享，因为自己都得不到能量，又怎么能让别人受益呢？

所以一开始在给我的书定位时，完全没有主题、没有提纲、没有框架，妥妥的“三无”产品，但只有一个核心，就是想把我们辅导员的工作用“元气关键词”的方式，做一个真实的呈现，不抱怨、不推诿，用积极的视角去发现、去实践、去分享，居然真的心想事成了！

问题2：是什么契机让您萌生将工作经验整理成书的灵感？是否有某个关键事件或案例触发了这一想法？

做个人品牌，必须让更多人知道你，不然就别做！那么如何让更多人知道我呢？我认为：出版一本书是最有效的方式。因为我在前面也说了，在我们这个领域，能出一本，是一件很厉害的事情，至少在专业领域，你通过一本书，已经可以证明自己了！

问题3：您希望通过这本书解决辅导员工作中的哪些痛点？它与其他同类书籍的差异化体现在哪里？

《元气密码：激发辅导员工作潜能的77个关键词》是一本为辅导员、班主任工作赋能的书籍，是一本从内到外激发辅导员工作潜能的书，里面有具体的工作方法，更多的是通过一个个元气关键词，让大家看到自身更多可能性的力量，这种力量才是持续推动辅导员个体和工作不断向前的源动力！

二、经验积累与素材整理

问题4：您在辅导员日常工作中是如何记录和整理案例、经验或反思的？有没有一些独特的方法或工具（如笔记、日志、数字化工具等）？

我比较喜欢把重复性、周期性的工作进行标准化、规范化地梳理和归纳，比如形成工作清单。

工作中更多的时候是“跟着感觉走”，但是我会有意识地把做的事情按照品牌、项目去打造，就是脑子里要有你的意图，这个意图要有框架！

问题5：书中是否有特别让您印象深刻的真实案例或学生故事？能否分享一个从实践到成书的转化过程？

书中全部是自己真实的工作经历，每一个关键词都是对当下经历过后的再思考和再创造，比如元气关键词“撞南墙”，就是自己有一天下班开车回家被交警处罚了，通过这件事，我想到我们的学生工作，很多时候就是在想方设法避免让学生“撞南墙”。这样的案例很多，大家可以随便翻一个关键词，你会发现和你想象的完全不一样！

问题6：您如何平衡辅导员工作的“实践性”与书籍所需的“理论系统性”？是否参考了教育学、心理学等学科理论？

我不是专家，这本书全篇没有引用任何一个理论，全部是自己的所学、所思、所想和所做，贵在真实，读过的朋友们都反馈说，特别轻松、自然、有能量！

三、书籍创作过程

问题7：在书籍策划阶段，您是如何确定目录框架和章节结构的？是否经历过多次调整？

我认为，一本书，要想真的对别人有帮助，一定是来源于这个群体，再回归到这个群体当中去，而不是闭门造车！所以我采取社群共创的方式来创作，我自己写好一个关键词的内容，大约每天1500个字，然后录成语音，提炼一句元气金句，分享到社群，大家听了之后，输出他们的想法，大家一起交流……就这样，一本书，很快就完成了！

问题8：写作过程中，您如何安排时间？是否有固定的写作习惯或克服拖延的技巧？

因为是社群的模式，我每天写1500个字左右，因为每天都会有很多新的发现，我就会留意这些脑海中冒出来的关键词，如何与我们的工作结合起来！

基本上每天中午或晚上的时间用来撰写和录制，写不完、写得不满意，就一直写，有好几次我都是凌晨一两点才睡觉，也有两次因为生病间断过半个月。但总体来说，自从每天开启这样的新思考之后，特别是知道你写的东西，能带给别人真价值之后，你不太会停下来的！

就像从2025年1月10日放寒假开始，我每天写自己的《财富日志》，就是每天把自己的经历用文字的方式加以记录。习惯之后，你真的停不下来，大家都可以试一下，哪怕每天给自己10分钟思考和回顾当天的事情，你先从一句话记录开始，坚持一段时间，你也一定会发现自己真的很棒！

问题9：是否与同行、学生或出版社编辑进行过沟通？他们的反馈对书籍内容产生了哪些影响？

在决定要写书的时候，我并没有这方面的资源，也没有去问过同行或出版社，我就是一心要先把书的内容给搞定，直到写出来了，打算找出版社出版了，我才问了几位已经出版书籍的前辈进行邀约，让他们为我写推荐语，他们也都给了我很多鼓励！

确认出版之后，我的编辑修改我的内容费了不少劲，因为我写的内容比较口语化，还有不少语气助词，语病也比较多，特别感谢我的编辑！

四、书籍内容与核心价值

问题10：您认为这本书对一线辅导员的核心价值是什么？对新手和经验丰富的辅导员分别有何帮助？

这本书的核心价值就是，当你在工作的某个阶段出现了迷茫、困顿或怀疑的时候，你能随意翻开手边的《元气密码：激发辅导员工作潜能的77个关键词》，任选一个关键词，翻开内容看一看，一定能带给你不一样的能量，让你重新看待当前遇到的问题，重新燃起希望，更有信心和能量走下去！

问题11：书中是否包含可操作的工具或方法论（如沟通模板、危机干预流程等）？能否举例说明？

本书涵盖的内容比较丰富，除了辅导员九大职能的日常工作，还有个人产品化的初步尝试，以及商业思维在就业指导工作中的运用等，其中在辅导员工作维度，我提出了“深耕的16字方针”、党建工作标准化规范化的“三个步骤”、辅导员个人定位的“三步法”等。

问题12：您希望通过这本书传递怎样的教育理念或职业态度？

辅导员是育人的主体，我们自己是怎样的，你培育的学生大概率就是怎样的。所以我们自己要从工作中找到乐趣，或者你可以主动把工作变成你喜欢的样子，少一点抱怨，多一点尝试，你的工作和生活都能充满元气。不是让你做“人设”，也不是让你非要“装”得很快乐，而是用你真实的生命状态去影响你的学生、你的同事、你的家人！

五、挑战与解决方案

问题13：在从工作到出书的过程中，您遇到的最大挑战是什么（如时间管理、素材筛选、写作瓶颈等）？如何克服的？

从工作到出书对我来说，只是一个念头而已！当我决定要出书的那一刻，我就在积极地思考和行动：怎么出书这件事，全力以赴去做就对了！

当然在书写出来要怎么出版的阶段，也遇到了一些困难，比如不知道怎么找到合适的出版社。但是我非常幸运，在踌躇满志的时候，认识了刘明耀老师。我向刘老师咨询了关于出书的细节，刘老师给我推荐了他的出版社和最信赖的编辑，然后就有了我3个月完成出版全过程的经历。感恩遇到刘老师！

问题14：您如何看待部分辅导员“工作繁忙，无暇写作”的困境？对有意愿但未行动的同行有何建议？

很多辅导员没有把写作这件事当成是提升职业能力的一部分，甚至是自己被动受益的一部分，核心是对自己时间的估值没有概念！而有意愿但迟迟未行动，或者有行动但也不多的这部分人群，本质上也仍然是“不愿意、不敢想、不可能”的意识在作祟。假如我告诉你，你今天不完成2000字的文字内容，你就没工作了，你就没收入了……你想想，你会做吗？一天写2000字，就能有收入，你真的宁愿饿肚子，也不写吗！

六、对辅导员的建议

问题15：对于希望将工作经验转化为书籍的辅导员，您会给出哪三条关键建议？

写作的本质是思考，只要你是在本职工作上想成事的人，你都可以试试通过写作的方式为自己拿到结果！

一是多读书。如果你自己不读书，不广泛涉猎知识，你写出来的东西会非常空。我之所以敢写书，也是因为自己从2022年开始读了几百本书，我自己从内到外真的得到了很快的成长。

二是要动笔。写作的核心是先动笔，你可以找到这样的组织，从记录每天的日常开始，花点心思在自己身上，写着写着，你就会上瘾！

三是要复利。大家都很忙，如何在不耽误正常工作的前提下，为自己的写书获得更广阔的空间和时间呢？一定要有复利的思维，比如我在准备《元气密码：激发辅导员工作潜能的77个关键词》的同时，其实同步生成了七八本书的素材。

四是要分享。要敢于把自己暴露在"大庭广众"之下，要主动推销自己，把你自己受益的内容积极分享出去，写书不就是把你的所思、所想、所获和所做写出来分享吗？那么，从现在开始，你就要先分享起来，因为分享也是需要勇气和培养的。

问题16：您认为辅导员提升写作能力的核心方法是什么？

多写！多练！多思考！多分享！

七、未来计划

问题17：这本书的出版对您的职业发展产生了哪些影响？是否有后续写作或相关计划（如课程开发、培训等）？

能把《元气密码：激发辅导员工作潜能的77个关键词》顺利写出来并出

版，对我自己的职业发展是一种莫大的激励，从写书社群的设计，到书籍名字、版式设计的经历，再到自己进行自媒体发售的体验，等等，就像是完成一项项“闯关”任务一样，充满了新奇、挑战和惊喜！

虽然跌宕起伏，但这样的经历，真的会让你焕然一新！所以我在《元气密码：激发辅导员工作潜能的77个关键词》的自序里也写道：**每一个辅导员都能拥有一本自己的书，不为职称，没有压力，全是热爱！**

我的第三本书也在筹备中，也仍然会延续我这本书的写作模式，从群众中来，再到群众中去，为辅导员群体如何通过读书来激发潜能做一点力所能及的事，也欢迎喜欢读书的老师们和我链接，是真的读书哟！

问题18：您认为未来辅导员领域最需要关注的新趋势或新挑战是什么？是否会体现在下一本书中？

辅导员的工作本身就需要与时俱进，比如学生现在都在网上刷短视频，那么辅导员自己会不会拍视频，有没有把线下的品牌通过互联网去放大就需要辅导员去思考！包括AI这些新工具，你有没有先试先行，有什么好的用法，你有没有通过短视频进行分享，等等。这些都是真实发生在我们身边的事，你如果不关注，就注定会被“淘汰”！

我平时比较喜欢折腾，除了工作，就是看书、写作、玩玩自媒体，也建了很多社群，总想着大家需要点什么，我就做点什么。这些经历都是我未来持续关注和出现在我书中的内容！

作者四 《教育，一场诗意的旅行》作者对话

【书籍名称】《教育，一场诗意的旅行》

【出版时间】2020年5月

【重印次数】2次

【发售渠道】个人推销

【作者简介】丁兆永，全国知名班主任、德育专家、班级文化建设专家，职业院校主题班级文化建设倡导者和实践者，教育硕士，国家心理疏导师，家庭教育指导师，国防教育讲师，《天津教育》《阅读时代》杂志封面人物，潍坊市十佳辅导员，山东高校优秀辅导员。

一、写作背景与动机

问题1：您最初选择成为辅导员的初衷是什么？这段经历如何影响了您的写作方向？

最初选择成为辅导员，源于对教育事业的热爱和对学生成长的关怀。这段辅导员的经历让自己深入接触到学生的内心世界和成长需求，也让我对班级文化建设、德育教育有了更深刻的理解和实践。

这些宝贵的经验成为我写作的源泉，促使自己专注于探讨教育的方法与意义，从而写出了《教育，一场诗意的旅行》这本充满智慧和感悟的著作。

问题2：是什么契机让您萌生将工作经验整理成书的灵感？是否有某个关键事件或案例触发了这一想法？

在长期的辅导员工作中，我积累了大量的实践经验和深刻感悟。萌生将这些经验整理成书的灵感，是因为在一次班级文化建设活动中，我看到了学生们因班级文化的熏陶而发生的积极变化。

这让我深刻意识到班级文化和学生成长之间的密切联系，从而有了将这些宝贵经验分享给更多教育者的冲动。

问题3：您希望通过这本书解决辅导员工作中的哪些痛点？它与其他同类书籍的差异化体现在哪里？

我希望通过《教育，一场诗意的旅行》这本书，解决辅导员在班级文化建设、学生德育教育等方面的痛点，提供实用的方法和策略。它的差异化体现在结合了我个人的丰富实践经验和案例，更贴近辅导员工作实际，具有更强的操作性和指导性。

二、经验积累与素材整理

问题4：您在辅导员日常工作中是如何记录和整理案例、经验或反思的？有没有一些独特的方法或工具（如笔记、日志、数字化工具等）？

在日常辅导员工作中，我会随时记录工作中的点滴，包括成功案例、学生反馈、教育感悟等。我习惯用数字化工具如印象笔记来整理这些素材，方便分类和检索。同时，我也会定期写工作日志，对一段时间的工作进行总结和反思，这样有助于我不断提炼和升华自己的工作经验。

问题5：书中是否有特别让您印象深刻的真实案例或学生故事？能否分享一个从实践到成书的转化过程？

书中有个名为宋洪志的学生，通过个性化辅导找回自信并考入海军士官学校的真实案例让我印象深刻。从发现他的问题，到实施个性化辅导，再到见证他的成功，这一过程我详细记录并收录书中，希望激励更多教育者关注学生的个性化发展。

问题6：您如何平衡辅导员工作的“实践性”与书籍所需的“理论系统性”？是否参考了教育学、心理学等学科理论？

在编写书籍时，我注重将辅导员工作的实践性与理论系统性相结合。我深入参考了教育学、心理学等学科理论，如马斯洛需求层次理论等，用以指导案例分析；同时，通过实践案例阐述理论应用，确保书籍既有理论深度又贴近实际，为辅导员提供可操作的方法和策略。

三、书籍创作过程

问题7：在书籍策划阶段，您是如何确定目录框架和章节结构的？是否经历过多次调整？

在书籍策划阶段，我根据辅导员工作的实际经验和关键节点确定目录框架和章节结构。初稿完成后，我又进行了多次调整，不断优化内容布局，确保逻辑清晰、层次分明。

问题8：写作过程中，您如何安排时间？是否有固定的写作习惯或克服拖延的技巧？

在写作过程中，我会提前规划写作时间，将任务分解到每日，确保每天都有固定的写作时段。我习惯在深夜写作，这时思维最为清晰。为克服拖延，我采用番茄工作法，每25分钟专注写作，之后休息5分钟，有效提高效率。同时，设定明确目标和奖励机制，激励自己按时完成任务。

问题9：是否与同行、学生或出版社编辑进行过沟通？他们的反馈对书籍内容产生了哪些影响？

在创作过程中，我与同行、学生及出版社编辑保持了密切沟通。同行的建议让我更全面地理解辅导员工作；学生的反馈让内容更贴近实际；编辑的专业意见则确保了书籍的出版质量。这些反馈促使我多次修订，增强了书籍的实用性和可读性，使之更符合读者需求。

四、书籍内容与核心价值

问题10：您认为这本书对一线辅导员的核心价值是什么？对新手和经验丰富的辅导员分别有何帮助？

我认为这本书对一线辅导员的核心价值在于提供了丰富的实践案例和系统的理论指导。对于新手辅导员，它能帮助其快速上手，理解辅导员工作的核心要点；对于经验丰富的辅导员，则为其提供了更深的思考维度和创新的实践方法。

通过具体案例的分析，书中展示了辅导员工作的艺术性和科学性，助力辅导员队伍的专业化成长。

问题11：书中是否包含可操作的工具或方法论（如沟通模板、危机干预流程等）？能否举例说明？

这个倒没有，毕竟这是一本教育随笔集。

问题12：您希望通过这本书传递怎样的教育理念或职业态度？

我希望通过《教育，一场诗意的旅行》传递一种充满诗意的教育理念与职业态度。书中不仅展现了教育的细致入微，更强调了教育工作的艺术性和创造性。

我希望每位辅导员都能以诗意的心态面对工作，将教育视为一次探索与成长的旅程，用心感受与学生的每一次互动，用爱与智慧点亮学生的心灵，共同编织教育的美好篇章。

五、挑战与解决方案

问题13：在从工作到出书的过程中，您遇到的最大挑战是什么（如时间管理、素材筛选、写作瓶颈等）？如何克服的？

在从工作到出书的过程中，我遇到的最大挑战是时间管理和素材筛选。工作繁忙，写作时间有限，我通过提前规划和利用碎片时间来解决。

素材筛选时，面对大量案例，我遵循典型性和启发性的原则，多次与同行讨论，最终选定最具代表性的素材。

遇到写作瓶颈时，我会暂时放下，先去阅读或散步，等灵感来时再继续。

问题14：您如何看待部分辅导员"工作繁忙，无暇写作"的困境？对有意愿但未行动的同行有何建议？

我非常理解部分辅导员因工作繁忙而觉得无暇写作，其实时间只要去挤总是会有的。写作不仅是对工作的总结，更是自我提升的过程。

对于有意愿但未行动的同行，我建议可以利用碎片时间，比如通勤、午休时构思框架或记录灵感。

有时候，确实需要牺牲一些休息娱乐时间，但想到能通过文字分享经验、帮助他人，这份付出就是值得的。开始可以设定小目标，逐步积累，最终你会发现，写作已成为工作生活的一部分。

六、对辅导员的建议

问题15：对于希望将工作经验转化为书籍的辅导员，您会给出哪三条关键建议？

对于希望将工作经验转化为书籍的辅导员，我有三条关键建议：首先，明确主题，聚焦核心经验，确保内容有深度；其次，注重案例收集，用生动实例支撑理论，增强可读性；最后，坚持写作，哪怕每天一点，积少成多，同时勇于寻求反馈，不断修订完善。

问题16：您认为辅导员提升写作能力的核心方法是什么？

我认为辅导员提升写作能力的核心方法是实践。实践是写作的源泉，只有深入一线，亲身经历各种学生工作场景，才能积累丰富的素材和深刻的感悟。做得好了，自然能写得好。

因此，辅导员应该积极参与学生管理、心理辅导、职业规划等实践工作，不断总结经验教训，同时注重平时的文字记录，如工作日志、案例分析等，这样在写作时就能信手拈来，写出有深度、有温度的文章。

七、未来计划

问题17：这本书的出版对您的职业发展产生了哪些影响？是否有后续写作或相关计划（如课程开发、培训等）？

这本书的出版让我收获了自信，也让我走上了科研的道路。它不仅肯定了我的教育理念和实践，还为我打开了更广阔的职业发展空间。

接下来，我计划陆续出版四五本书，继续分享教育心得。同时，我还会为很多职业院校做班级文化建设的专题培训，将书中的理念和方法付诸实践，帮助更多辅导员提升教育艺术，共同推动教育事业的发展。

问题18：您认为未来辅导员领域最需要关注的新趋势或新挑战是什么？是否会体现在下一本书中？

我认为未来辅导员领域最需要关注AI时代对工作的冲击。AI技术正深刻改变着教育领域，辅导员需学会利用AI提升工作效率和精准度。

这肯定会体现在我的下一本书中，我将探讨如何利用AI进行个性化辅导、精准思政等，帮助辅导员在AI时代更好地服务学生成长，实现人机协同的新型工作模式，共同应对新时代的挑战。

作者五 《洞见大学》作者对话

【书籍名称】《洞见大学》

【出版时间】2022年5月

【重印次数】1次

【发售渠道】出版社

【作者简介】朱应开，男，福建武平人，在读博士，泉州师范学院商学院讲师，福建省高校网络教育名师、福建省高校思想政治工作中青年骨干、福建省学校团干名师工作室主持人、校首批网络名师工作室主持人，专栏作者、泉州市作家协会会员；出版专著2部，参编教材2部，发表学术论文15篇，主持福建省社会科学基金等各类科研项目12项；曾获第四届全国高校网络教育优秀作品推选展示活动网络文章优秀奖、福建省高等学校思想政治教育研究会年会优秀论文一等奖等校级以上荣誉10余项；曾受江苏大学、大连交通大学等国内50余所高校邀请作专题讲座。

一、写作背景与动机

问题1：您最初选择成为辅导员的初衷是什么？这段经历如何影响了您的写作方向？

对学生工作的热爱。充满青春气息的校园生活让我的写作主要围绕青年学生，助力青年学生更好适应大学校园生活、学习成长与思想进步。

问题2：是什么契机让您萌生将工作经验整理成书的灵感？是否有某个关键事件或案例触发了这一想法？

出版这本书一是为学生提供一份大学学习生活指南书，帮助学生成长；二是将日常思考与工作积累科研化；三是以输出倒逼自己持续输入，提升自身思想政治教育工作能力。

问题3：您希望通过这本书解决辅导员工作中的哪些痛点？它与其他同类书籍的差异化体现在哪里？

让更多老师熟悉辅导员工作内容，了解育人方式的重要性。

二、经验积累与素材整理

问题4：您在辅导员日常工作中是如何记录和整理案例、经验或反思的？有没有一些独特的方法或工具（如笔记、日志、数字化工具等）？

养成阅读的习惯，形成写作素材收藏、整理的能力。

问题5：书中是否有特别让您印象深刻的真实案例或学生故事？能否分享一个从实践到成书的转化过程？

有的。书籍出版更多是为了整理自己的所思所想，将其行之于文。

问题6：您如何平衡辅导员工作的"实践性"与书籍所需的"理论系统性"？是否参考了教育学、心理学等学科理论？

网络思想政治教育是落实高校立德树人的创新之举，是服务学生成长成才的有力之举，是高校开展"三全"育人最大、最重要的载体，从事高校思想政治教育工作的辅导员必须学网、懂网、用网，着力在"无时不有、无处不在"

的网络世界中建立起价值引导“时时可得、处处可及”的空间，把实践变成理论，把理论应用于实践，引导青年学生自觉把社会主义核心价值观作为精神上的鲜明底色、行为上的根本准则，扣正、扣牢人生的第一粒扣子，做社会主义核心价值观的坚定信仰者和忠实践行者。

三、书籍创作过程

问题7：在书籍策划阶段，您是如何确定目录框架和章节结构的？是否经历过多次调整？

经过多次调整。前期要自己拟好书籍框架，再与同行、同事讨论修改，最后经出版社编辑校稿认定才成型。

问题8：写作过程中，您如何安排时间？是否有固定的写作习惯或克服拖延的技巧？

养成持续输出的习惯，日拱一卒。以输出倒逼自己输入，就能克服拖延症。

问题9：是否与同行、学生或出版社编辑进行过沟通？他们的反馈对书籍内容产生了哪些影响？

学生反馈本书内容很接地气，部分辅导员同行将这本书作为班会或周末晚点名的学习材料，按照书目分专题开展主题班会等。

四、书籍内容与核心价值

问题10：您认为这本书对一线辅导员的核心价值是什么？对新手和经验丰富的辅导员分别有何帮助？

习近平总书记在全国高校思想政治工作会议上强调，做好高校思想政治工作，要运用新媒体新技术使工作活起来，推动思想政治工作传统优势同信息技术高度融合，增强时代感和吸引力。

近年来，随着网络新媒体的迅猛发展，网络对传统教育模式提出了新的挑战，也为高校人才培养提供了新的载体、平台和巨大信息资源。如今，网络化生活已成为当代青年大学生的常态，给大学生思想、行为、生活带来了全方位、深层次的影响。

可以说，当前高校思想政治工作中的许多新情况新任务，在很大程度上是因“网”而生、因“网”而兴、因“网”而增。但从另一个方面来讲，网络新媒体也为高校思想政治教育工作带来了机遇。

《洞见大学》这本书把青年思想问题还原到当代中国社会发展和结构转型的历史大逻辑中进行把握，对这些社会问题的表现与实质、诱因与机理、后果与影响等进行深入分析，比如疫情时代学生在学业、就业等方面出现的情绪波动、青年人的“躺平”和“内卷”现象、关于读书的价值和意义等，这些问题真实而具体，抓住了青年思想问题中的主要矛盾和矛盾的主要方面，具有典型性和代表性。只有对青年思想问题作出正确诊断，才能开出针对性药方。

问题11：书中是否包含可操作的工具或方法论（如沟通模板、危机干预流程等）？能否举例说明？

做好思想政治教育工作要讲求方式和方法。从事高校思想政治教育工作的教师要善于借助载体、化育无形、润物无声，把思想政治教育内容与教育对象切身利益问题结合，把主流意识形态话语与受教育者喜闻乐见的话语交织起来，把思想政治教育工作的传统优势与新型的技术载体融合起来，使思想政治教育“干货”更接地气、更暖人心，有效溶解到青年学习、工作和生活的方方面面。

《洞见大学》这本新书就是在这方面的有力探索，体现了以下三大特点：

一是遵循思想政治工作规律，立足思想价值引领，把价值引领和知识传授结合起来，显性教育与隐性教育、解决思想问题与解决实际问题、广泛覆盖与分类指导结合起来，牢牢把握思想引领，紧紧抓住学生学习、就业、成长、成才的刚性需求，创作一批网络优秀文化作品，因地、因人、因事、因时制宜开展育人工作，落实立德树人根本任务。

二是遵循学生成长规律，坚持围绕学生、关照学生、服务学生，积极组织策划线上线下育人活动，把“传道”之“道”蕴含在“授业”“解惑”的各类育人实践中，践行立德树人初心，教育引导青年学生树立正确世界观、人生观、价值观，落实教书育人工作。

三是遵循教书育人规律，秉持共建共享共同成长理念，通过申报网络名师工作室，组建网络育人工作团队，打造开放互动网络教育平台，塑造知名思政品牌，推动思想政治教育守正创新，打造“指尖”上的思想政治教育平台，引导青年学生参与平台网络作品、文化、育人建设活动，让学生在参与中锻炼、成长、收获新知。

问题 12：您希望通过这本书传递怎样的教育理念或职业态度？

思想政治工作从根本上说是做人的工作，必须围绕学生、关照学生、服务学生，不断提高学生思想水平、政治觉悟、道德品质、文化素养，让学生成为德才兼备、全面发展的人才。新时代，要坚持把思想价值引导与知识传授结合起来，把网络文化作品创造与网络文化环境营造结合起来，把线下线上的教书育人工作结合起来，充分发挥网络重要育人功能，以文化人、以文育人、以德润心，让学生在潜移默化里健康成长，实现春风化雨般的教育效果。

五、挑战与解决方案

问题 13：在从工作到出书的过程中，您遇到的最大挑战是什么（如时间管理、素材筛选、写作瓶颈等）？如何克服的？

最大挑战是书稿的修改环节。一本书稿写出来，到最终出版，经历了多次的修改删减校对。只有非常认真地修改再修改才能保证书的质量。

问题 14：您如何看待部分辅导员“工作繁忙，无暇写作”的困境？对有意愿但未行动的同行有何建议？

我曾经写过一篇文章，讲的是辅导员要每天留出两小时读书写作，感兴趣的老师可以自行查找阅读，读后或许会有所帮助。

六、对辅导员的建议

问题 15：对于希望将工作经验转化为书籍的辅导员，您会给出哪三条关键建议？

第一，一定要认真做好本职工作，积累工作经验，避免书籍内容假大空、不接地气。

第二，一定要多读书，打牢思政工作理论基础，多阅读经典著作，学习思想政治教育工作新方法。

第三，一定要持之以恒地输出，既服务了学生成长，又提升了自己的写作能力，形成爱思考、爱学习、爱总结的好习惯。

问题16：您认为辅导员提升写作能力的核心方法是什么？

要多读书，提升学理性与思辨性。

七、未来计划

问题17：这本书的出版对您的职业发展产生了哪些影响？是否有后续写作或相关计划（如课程开发、培训等）？

对自身综合素质的提升有很大促进作用，目前暂无具体出书计划。如果再出版书籍，也会是学术类专著。

问题18：您认为未来辅导员领域最需要关注的新趋势或新挑战是什么？是否会体现在下一本书中？

应关注人工智能对高校思想政治教育工作带来的影响、人工智能对辅导员工作带来的影响、人工智能给学生思想成长带来的影响。如果有可能，下一部书会聚焦这个方面进行著述。

参考文献

［1］刘明耀．手把手教你打造名师工作室［M］．北京：中国石化出版社，2024.

［2］刘明耀．辅导员打造个人品牌 IP 实战指南［M］．北京：中国石化出版社，2022.

［3］刘明耀．新时代校园学生危机管理指导与实践［M］．沈阳：辽宁大学出版社，2021.

［4］刘明耀．大学生劳动教育［M］．北京：科学出版社，2023

［5］杨庆实．学工宝典：一名老辅导员的“实话实说”［M］．北京：中国石化出版社，2023.

［6］尤长军．图说大学生活［M］．北京：中国石化出版社，2023.

［7］陈剑．元气密码：激发辅导员工作潜能的 77 个关键词［M］．北京：中国石化出版社，2024.

［8］邢海鸟．如何出版一本书［M］．长春：吉林出版集团股份有限公司，2019.

［9］李鲆．如何出版一本书［M］．北京：九州出版社，2018.

［10］李鲆．畅销书营销潜规则［M］．北京：金城出版社，2016.

［11］洞见君．洞见写作：打造可复制的文章方法论［M］．北京：人民邮电出版社，2023.

［12］孔祥慧．种子花开：雷锋式大学生成长手册［M］．北京：中国石化出版社，2022.

［13］老踏．教师力：教学、科研和终身成长［M］．北京：清华大学出版社，2022.

［14］范蕊．辅导员谈心谈话六讲［M］．北京：中国大百科全书出版社，2022.

后　记

每个人在成长过程中都会经历各种第一次，这本书在各种第一次过程中得以成稿。自己静下来思考，将这些年的第一次整理复盘，将大家的工作经历进行提炼变成了工作经验，又将经验融入教学设计变成了原创课程，在巡讲过程中不断地将课程进行迭代，变成了自己的品牌，终于在今天呈现给了大家。

第一次当了被告。2017年5月，因为一个学生违纪，所以启动了针对该学生的开除学籍程序。在这一过程中，由于证据、程序、权利没有得到完全的落实，因此被学生家长投诉，以致我第一次以被告的身份进行了应诉。在上级部门的指导下，我了解到在学生管理过程中要证据充分、程序正当、依据明确、定性准确、处分适当，要全力保障学生的合法权利与利益。此案例使我在学生管理过程中进一步明确了权利程序、法律依据以及如何进行取证留痕，完善了学生管理方法，令我在未来思政教育与学生管理工作中更加注重细节。

所以，掉进一个坑，爬不出来叫挫折，爬出来叫成长！

第一次提炼了主题PPT。根据违纪处分案例和被告的经历，我系统地对学生管理工作进行了梳理与自查，对学生从入学到毕业所涉及的学生管理过程中的每个细节进行了整理，分别从案例分析、危机预警、危机处理与应对三个部分进行了具体问题具体分析，形成了具有自己独特风格的校园危机管理PPT，并与全国辅导员分享。

所以，经历就是财富，理论来源于实践！

第一次登上讲台分享。2017年11月3日，我有幸受邀在杭州参加了一次全国高校辅导员学生管理论坛。第一次免费坐飞机，第一次免费去杭州，第一次以分享者的身份参加全国性辅导员论坛；但即将面对来自全国高校的辅导员战友们，我当时的确很紧张。我早晨五点钟就起来了，跑到会场看了一圈，结果门锁着，没有开。吃完早餐后我又提前去了一次会场，门开了，但没有人。我站在台上，望着台下黑压压的桌椅连成一片，闭上眼睛想象着过一会儿就要开始的学生管理论坛现场，深深吸了一口气以平复自己的心情。

在论坛上，我利用3小时和大家分享了自己在学生危机管理过程中的所感所悟、经验与方法，得到了大家的高度认可。无理论、接地气、能实战，让辅导员少走弯路不掉坑里，大家的鼓励给自己增加了无比的信心与动力。虽然这次分享对大家来说是一小步，但对我的人生成长来说是一大步。

所以，从0到1，解决的是有与无的问题。只要你勤奋、认真，大多数人可以做好。如做一个可以hold住“00后”的合格辅导员。

所以，从1到99，解决的是好与更好的问题。除去勤奋、认真，还需要用上对的方法。如做一个可以hold住“00后”的优秀辅导员。

所以，从99到100，解决的是更好与最好的问题。除去勤奋、认真与对的方法，还需要你的天赋。如做一个可以hold住“00后”的卓越辅导员。

第一次受高校邀请分享。2018年3月下旬的一天，QQ突然闪动了起来，是一位来自南方某高校学生处处长的热情邀请，让我为他们的辅导员进行一场校园危机管理讲座。这是我第一次收到高校的邀请，作为同行，作为战友，我不能拒绝，也没有理由拒绝，而且我也很愿意分享自己的校园学生危机管理经验。通过这次分享，我认识了更多的战友和同行。

所以，“请进来”能拓宽视野，“走出去”才能扩大格局！

第一次受到官方邀请。2018年4月初的一天，我突然接到中国职业技术教育学会老师打来的电话，邀请我参加一个全国辅导员危机管理培训。几天后，我在中国职业技术教育学会举办的这次全国高校辅导员校园危机管理培训会议上进行了发言交流。

所以，积跬步才能至千里，积小流才能成江河！

第一次入选“中国大学生在线辅导员素质能力提升”专题。大家每天不断将自己的日常工作进行提炼，变成文字舞动飞扬，每个人的文章都向“中国大学生在线”进行投稿，都以能在“中国大学生在线”发表为动力。我也是屡写屡投，但屡投屡败，石沉大海、杳无音信，还好自己皮厚脸大心不死，继续向他们的投稿邮箱“狂轰滥炸”。也许是自己的执着感动了“中国大学生在线”的编辑，突然有一天，自己的一篇投稿得到了“中国大学生在线”的发布，当时我的确特别兴奋，5分钟时间内文章点击量3000+，平台大，舞台更大。接下来，又是一系列天上掉的馅饼砸到了我的头上，我的3篇原创文章入选了“中国大学生在线2018年辅导员素质能力提升”专题版块。

所以，不经意间的每一次表现也许会改变一生的命运！量的积累一定会达到质的飞跃！

第一次为全国5000余名辅导员分享了原创PPT。我在学习交流中得知，很多辅导员都需要原创PPT，以便为辅导员培训、学生干部素质提升、积极分子和发展对象进行讲授。为此，我对17年来原创和积累的PPT素材及当前的时事热点问题进行了整理、提炼，为全国辅导员进行了20余个主题的免费分享。先后分享的“高校校园学生危机事件处理能力提升”“走进知青岁月，点亮理想心灯”“寻找伟人的足迹”“学生干部三大法宝”等多个PPT受到了大家的好评。

大家的好评就是我成长的最大动力，大家的认可就是我最大的收获。我因为无私的分享，获得了很多的朋友，朋友圈中多了很多正能量的辅导员。他们当中，有为我们奔走发声的“时代楷模”曲老师；有“雷锋种子工作室”主持人孔祥慧；有“图说思政”创始人尤长军；有“资助万里行”的王译梓；有“书香有礼校园行”的李红霞；有“朱子微言”的朱应开；有“辅导员参谋”凌杰；有“创新思维”的郑茹楠；有“辉哥娟姐叨叨叨”的晓辉兆娟；有“副处级辅导员”白晓玲……还有许多许多，他们的坚持付出、他们的品牌聚焦、他们的走进学生案例，使我对学生工作更加有载体、有创新、有思路。本想送去一缕春风，没想到却收获了整个春天！

所以，最大的无私就是“自私”，朋友圈的水平决定你未来成长的高度！

第一次走进教育部辅导员培训基地。2018年7月，我第一次走进了教育部辅导员培训基地（辽宁大学），为全省的辅导员进行了题为《高校辅导员学生危机事件处理能力提升》的培训讲座。我用了两个星期的时间准备，将所有案例浓缩成一个半小时的精华与全省辅导员分享，让他们能够在未来的学生管理和思想政治教育工作中以危预危、以危度危、以危化危。

所以，起点决定终点，努力决定未来！

第一次申请了原创版权课程。经过30余场的讲座，经过一线辅导员、专家们的指导，我反复修改、提炼升华，撰写了5万余字的课程文字稿，完善了课程PPT，向国家知识产权局申请了版权，获得了自己人生中第一个原创版权课程证书——“高校校园学生危机事件应对与处理能力提升”，原创版权课程就这样诞生了。

所以，品牌是工作与事业贯通的桥梁。无品牌，则工作与事业永远是两条永不相交的平行线！

第一次和博导同台授课。2018年10月，我既兴奋又期待还紧张，因为要到重庆和两位博导一起为大家进行授课。兴奋的是向博导学习能够不断提升自己；紧张的是和博导同台授课压力非常大，怕控制不住场面。我用了3小时和大家进行了分享，说出了每一位学工战友工作中面临的痛点，特别是对几个典型案例分析引起了大家的共鸣。课程结束后，大家留下来和我一起探讨学生管理中出现的各种突发事件，以及在未来的学生管理过程中如何做好、做细、做实。

所以，压力像弹簧，你弱它就强。与高人为伍，跟名师走路，才能让自己不断成长。

第一次走进国培项目。2018年11月下旬，我受邀为辽宁省教育厅主办的新疆塔城中职学校骨干师资班进行了为期一天的学习分享交流，和大家一起讨论针对“00后”学生如何在专业课程中融入思政元素，如何在课堂上发挥立德树人，改变只讲专业、不讲政治，只教书、不育人，只管理、不服务，只考核、不疏导的现象，通过嵌入式、融入式、浸入式的课程设计理念，扩大知识目标、能力目标、素质目标范围，在课程思政中塑造学生的灵魂、塑造学生的生命、塑造新人，成为一名具有大胸怀、大格局、大境界的“四有”好老师，使广大教师能够“守好一段渠，种好责任田”。

所以，每个人心中都有一片海洋，如果自己不扬帆，别人无法替你起航！

第一次与有关专家面对面。2019年3月的最后一个周末，收到了来自教育部学校规划中心课程研究院秘书长、齐齐哈尔工程学院副院长张振笋老师的邀请。之前虽然加了张老师的微信，但一直没有具体交流。后来我拜读了张老师的一篇关于思想政治教育的文章，在微信上询问张老师是否可以转发，没想到张老师非常痛快地答应了。我于是通过自己的“辅导员联播”平台转发了张老师的这篇文章，引起了全国辅导员的广泛关注。所以，好的文章不仅取决于你平台关注的粉丝数量，更取决于文章的质量。

当收到张老师发出的邀请，我深深地知道，这是张老师给自己的一次机会，一次让自己成长的机会。张老师在从事行政工作的同时仍然钻研教学业务，他的教育理念总是让人耳目一新、回味无穷。他平易近人，经典语录信手拈来，“闪电演讲”一直是他的风格。

所以，一直在模仿，从来未超越。有时需要小人刺激，但更需要贵人提携！

第一次完成全国100场讲座。看到校园危机管理对全国辅导员从事的学生工作如此重要，我为自己策划了“百场校园巡讲”行动。自2017年11月3日第一场线下讲座起，我对每场讲座都进行了统计留痕。感谢全国高校的支持与帮助，在2019年8月，我用20个月完成了全国100场讲座。

所以，当面对自己的天花板时，如果感觉到痛，那就意味着要破土而出，化茧成蝶！

第一次连续线上直播15天。2020年这场疫情改变了你，改变了我，改变了我们。这场疫情把我们从线下撵到了线上，自己从一个技术“盲流”到熟悉各种软件应用。钉钉、腾讯、小鹅通、超星尔雅、云班课，每一个软件都尝试了一次。目前，自己的成长速度和小鹅通的迭代速度是同频的。2020年，我还完成了全国辅导员线上100场的直播分享。

所以，危也是机，我们既要与时俱进，更要化危为机！

第一次获批省级工作室立项。2021年2月，我成功获批立项了辽宁省高校网络育人名师工作室、辽宁省高校辅导员名师工作室。两个省级荣誉“双黄蛋”，使我变得越来越自信，让我的未来成长之路走得更加坚定有力。

所以，能量是守恒的，如果付出了努力，能量一定会回流给你，只是不同的时间、不同的方式而已。

第一次出版了自己的专著。2021年11月，我出版了人生中第一本专著《新时代校园学生危机管理指导与实践》，5天内全国辅导员抢光了2000册，一个月内印刷2次，8个月销售近万册。目前，该书已成为各高校辅导员的共读书目、培训教材、研讨案例，成为辅导员的工具书、枕边书。

所以，把文字变成铅字，需要不断地积累，厚积才能薄发！

第一次形成了自己的品牌。2022年7月，我出版了人生中的第二本专著《辅导员打造个人品牌IP实战指南》，一年内销售超过了10000册，两年内完成了5次印刷，多次荣获当当、京东教育类排行榜第一。此书已成为辅导员入职、培训、成长参考用书。

所以，情怀无限，大爱无痕，只有品牌才能让我们无惧。

第一次开设了自己的工作坊。2023年10月，历时3年的反复磨课迭代，“学生管理课程化暨主题班会课程化开发与设计”工作坊在沈阳、上海、贵阳如期开班，通过两天体验式、互动式授课，现场设计出一门微课，让可视化成果落地，让大家在学生工作中能够摘到“果”。

所以，树叶是事务性工作，果是课程化，只有枝繁叶茂，才能硕果累累。

第一次由一个人变成了一群人。2024年7月，与数十位志同道合的辅导员联合发起了“我是辅导员，我有好课程”品牌项目，公益修改课程大纲，搭建有效平台载体，定期进行直播分享，实现知识价值变现，形成辅导员成长闭环，让辅导员找到自己成长的内驱力。

所以，独行虽快，但众行方能致远，一群人，一条心，一件事，一起走。

第一次出版了名师工作室书籍。2024年10月，出版了《手把手教你打造名师工作室》。2024年教育部立项了80个首批国家级辅导员名师工作室，国家级、省级、校级工作室如雨后春笋般成长起来。群星灿烂、百花争艳、合纵连横、激扬文字。

自己把几年中工作室培育孵化建设的成果、经验、问题以及教训进行了整理，抢在80个国家级辅导员名师工作室之前出版了《手把手教你打造名师工作室》这本书，实现了一个月内印刷了2次，成为辅导员工作室申报、建设的热销书籍。

所以，既要低头拉车实干当先，又要抬头望路方向为要。

第一次获得了"当当影响力作家"荣誉称号。2025年5月，自己参加了第十一届当当影响力作家的评选，入围、投票、打分，在全国辅导员的大力支持下，一路过关斩将，凭借作为三本学工畅销书的作者，一举拿下了"第十一届当当影响力作家"荣誉称号。这份荣誉，于我而言，绝不仅仅是一份个人的嘉奖，而是属于那些未曾谋面却与我心意相通的读者朋友，更属于一线的辅导员战友，是学生工作可视化成果的最好见证。

所以，阅读丈量世界。用写书思维倒逼辅导员成果思维。

"福格行为模型"告诉我们：每个人的成长都有一个"珍珠习惯"。珍珠的形成是因为蚌受到异物（沙粒、寄生虫）侵入刺激，然后分泌珍珠质，一层一层地把刺激包裹起来，成为珍珠。所以，每一颗美丽的珍珠，其实都是蚌包裹好的痛苦与刺激。

今天，《辅导员出版指南：选题、写作、出版、发行全攻略》这本书得以和大家见面，就是在学生管理和思政教育过程中每一个成长的第一次，不断地包裹着痛苦与刺激，在时间的复利下孕育出一颗颗美丽的珍珠，最后串成了五彩的项链呈现给了大家。

人生有三次成长，一是发现自己不再是世界中心的时候；二是发现再怎么努力也无能为力的时候；三是接受自己的平凡并去享受平凡的时候。

第*n*次　未来已来

工作就是养生，这不是理论的逻辑，这是生命深处的震颤。辅导员写书出书，是最好的自我成长投资。一书抵万金，辅导员要写好书，出对书，卖爆书。

最后想和大家分享的是，人生万事须自为，跬步江山即寥廓。在时间顺流而下之时，唯愿每个人都能逆流而上，以蓬勃的生活，尽享时代的馈赠！心之所向，便是阳光！

2025年5月

刘明耀

高校学生工作可视化成果凝练
暨写书出书内训课程项目

一、目的意义

❶ 提升学生工作成果转化能力

将碎片化学生工作经验系统化、可视化，转化为可出版的著作或案例集，提升学生工作影响力。

❷ 赋能辅导员职业发展成长潜力

通过写书出版，调动辅导员积极性，助力辅导员及学工队伍通过出版成果强化专业化标签，支撑职称评定与职业晋升。

❸ 打造学生工作品牌服务育人动力

通过学生工作成果凝练反哺学生工作一线实践，创新思政教育模式与方式方法。

二、培训对象

学生工作部（处）、团委专职干部、院系党委副书记、专（兼）职辅导员

三、课程安排（两天体验式课程or三个小时课程）

辅导员如何出版一本书：用写书思维助力辅导员成果思维

时间		内容	可视化成果	时间
第一天	上午	辅导员为什么要写书、出书	个人优势清单	9:00—10:00
		辅导员写书、出书三件套	作者简介、内容简介 参考文献	10:20—11:20
		学工领域同类书籍对比	竞品分析	11:30—12:00
	下午	辅导员写书、出书内容设计	选题范围、内容设计	14:00—15:00
		个人进行汇报，互评点评	选题范围 + 选题材料 内容简介 + 竞品分析	15:10—16:00
		辅导员写书、出书目录设计	目录大纲	16:00—16:40
		练习：目录设计	目录大纲	16:40—17:00
第二天	上午	辅导员写书、出书结构设计	逻辑结构	9:00—10:00
		个人进行汇报，互评点评	结构设计 + 目录设计	10:20—11:20
		辅导员写书、出书书名设计	书名	11:30—12:00
	下午	完善选题表	选题表	14:00—14:20
		撰写样张	样张	14:20—15:20
		修改样张：汇报互评点评	修改意见	15:30—16:30
		如何发行图书		16:30—17:00

四、预期效果

❶ 直接产出

每位学员现场完成选题表+样章，出版社资深编辑现场评估审核优质选题意向书；直接助力学生处产出一本可视化成果案例集。

❷ 能力提升

用写书思维倒逼辅导员成果思维，树立积累目标，将事务性工作转化为可视化成果，增强辅导员内驱力成长。

❸ 长效影响

建立“学生工作出版资源池”，推动年度《高校思政工作创新案例集》等成果落地，参训人员出版转化率提升40%。

五、课程特色

❶ 双导师制

由高校思政畅销书专家、当当影响力作家、出版社资深编辑负责授课，具有丰富的写书、出版实战经验。

❷ 跟踪服务

两天课程结束后选题表确定，出版社直接签约，100天线上写书、出版陪跑，点对点进行书稿点评修改。

❸ 宣传推广

新书出版后通过当当、京东等网站进行新书推广销售，手把手教会新书宣传发行推广的具体方法。

六、具体联系人

刘老师